浙江财经大学东方学院仰山学术文库

基于异质性框架的
居民通货膨胀形成及
缓解政策的统计研究

李 伟 著

浙江工商大学出版社 杭州
ZHEJIANG GONGSHANG UNIVERSITY PRESS

图书在版编目(CIP)数据

　　基于异质性框架的居民通货膨胀形成及缓解政策的统计研究 / 李伟著. — 杭州：浙江工商大学出版社，2019.8

　　ISBN 978-7-5178-3334-5

　　Ⅰ. ①基… Ⅱ. ①李… Ⅲ. ①通货膨胀－研究－中国 Ⅳ. ①F822.5

　　中国版本图书馆 CIP 数据核字(2019)第 142877 号

基于异质性框架的居民通货膨胀形成及缓解政策的统计研究

李　伟　著

责任编辑	谭娟娟
封面设计	林朦朦
责任印制	包建辉
出版发行	浙江工商大学出版社
	（杭州市教工路 198 号　邮政编码 310012）
	（E-mail：zjgsupress@163.com）
	（网址：http://www.zjgsupress.com）
	电话：0571－88904980，88831806（传真）
排　版	杭州朝曦图文设计有限公司
印　刷	杭州宏雅印刷有限公司
开　本	710mm×1000mm　1/16
印　张	13.25
字　数	141 千
版 印 次	2019 年 8 月第 1 版　2019 年 8 月第 1 次印刷
书　号	ISBN 978-7-5178-3334-5
定　价	42.00 元

摘　要

通货膨胀一直以来都是政府及居民所关心的经济问题，与一国的经济发展和社会稳定有着密不可分的联系。近些年来，随着国际经济形势风云变幻和国内经济增长的进一步扩张，我国通货膨胀率出现了逐年上涨的趋势。过高的通货膨胀率不利于经济稳定发展，更不利于居民安定生活，成为社会经济发展过程中的主要障碍。本书从通货膨胀异质性的角度进行切入，细化和深入已有的对通货膨胀的研究。

本书对不同类别商品价格变动异质性和不同收入居民通货膨胀异质性形成原因的剖析，有利于对我国居民承担的通货膨胀程度做出更为准确的测定和认识；同时通过分阶层讨论通货膨胀，有助于政府部门采取更有针对性的政策措施缓解各阶层居民通货膨胀的压力，在节约成本的同时提高居民实际收入和效用水平，最终最大化全社会总产出及总效用。全书分为八章内容：

第一章为导论。主要介绍了本书的研究背景、研究意义、理论依据、国内外文献情况、主要研究方法、主要研究内容、技术路线、研究难点与创新点等问题。

第二章为我国不同类别商品价格结构性变动形成分析。该章从产业结构的质与量两个方面对我国八大类型消费品价格变动差异性进行统计分析，为讨论居民通货膨胀异质性奠定基础。

第三章为我国不同收入居民通货膨胀水平的异质性分析。该章以 2007 年投入产出表为基础，将居民部门按照收入细分为 7 个不同部门，利用投入产出局部闭价格影响模型模拟八大类型消费品价格变动对各种收入水平居民部门的影响程度。

第四章为我国通货膨胀异质性产生的影响分析。该章主要从居民收入分配差异性、通货膨胀预期异质性、福利成本相异性三个角度分析通货膨胀异质性对社会经济产生的实际影响，结果说明我们需要广泛关注我国不同收入居民群体间存在的通货膨胀异质性，并在实施各种宏观政策时综合考虑其带来的社会经济影响。这也为后续研究缓解居民通货膨胀压力的政策提供了导向。

第五章为基于异质性框架的缓解居民通货膨胀压力的补贴政策模拟模型——CGE 模型（可计算一般均衡模型，Computable General Equilibrium）。该章主要介绍了 CGE 模型的基本定义、实际应用、理论依据及基本分析步骤，并基于 CGE 模型提出缓解居民通货膨胀压力的补贴政策模拟方案。政策主要集中于两个方面：一方面从关键性商品的生产者角度进行补贴，另一方面从受影响较大的居民角度进行补贴。

第六章为 CGE 模型的数据基础——社会核算矩阵（Social Accounting Matrix，SAM）。该章介绍了社会核算矩阵的基本内容，并以 2007 年的数据资料编制了基于阶层与商品（部门）细分的中国 2007 年微观 SAM，为政策模拟提供数据基础。

第七章为基于 CGE 模型的缓解居民通货膨胀压力的补贴政策效应分析。该章首先对 CGE 模型中涉及的大量参数进行直接和间接估计，其次根据对各种缓解居民通货膨胀压力政策的实施效果进行模拟并比较。最终从不同政策下的社会总产出、价格水平、居民实际收入和福利水平、收入差距等角度进行比较。

第八章为结论及展望。该章总结了本书的主要研究结论，并指出本书研究的不足及对今后相关研究方向进行了展望。

通过本书的研究，得出以下几个重要结论：

第一，很多文献中把价格非平衡变动的原因归结为产业结构，由此建议通过调整产业结构来降低价格非平衡变动的程度。通过本书的研究发现，产业结构包括质与量两个方面，产业结构量的差异对价格非平衡变动产生的影响相对较小，价格非平衡变动受产业结构质的影响较大。

第二，将我国八大类型消费品按照生活用途分为代表着基本生活水平的商品和较高生活水平的商品两种类型。代表着基本生活水平的商品如食品、衣着、居住等商品价格上涨引发其他商品涨价的程度较大，并且对收入相对较低的阶层的通货膨胀水平影响较大；代表着较高生活水平的商品如家庭设备用品及服务、交通通信、教育娱乐文化、医疗保健、杂项等商品价格上涨对其他商品的影响作用较小，并且主要影响的是收入相对较高的阶层。同时发现，在食品价格上涨幅度从 1％到 30％的情况下，对不同收入阶层 CPI（居民消费价格指数，Consumer Price Index）的影响差异加速扩大。通过该结论，可以进一步挖掘造成居民通货膨胀异质性的敏感性因素，从而为相关宏观政策的实施提供理论依据。

第三，通货膨胀异质性的存在会进一步加深居民收入分配差异、扩大通货膨胀预期的差异及不同收入群体福利成本的差异，为社会经济的发展带来一定程度的负面影响及对居民造成不同程度的福利损失。因此，在对与通货膨胀有关的社会经济问题研究中不可忽略通货膨胀异质性存在的现实，否则得出的结论及根据结论所提出的政策建议都将存在较大程度的偏差。

第四，根据居民通货膨胀异质性的实际现象，运用CGE模型对给予中低收入群体收入直接补贴和对涨价商品生产者给予直接补贴两种宏观政策缓解居民通货膨胀压力产生的实际效应进行模拟，以不同收入群体效用水平、实际收入、居民消费价格指数、消费结构、收入差距等宏观经济指标为评价依据，得出给予中低收入居民直补政策优于给予涨价商品生产者直补政策。

本书的主要创新点有：第一，在梳理了与通货膨胀异质性相关的国内外文献之后，首先从分商品类别和分居民收入阶层两个角度对通货膨胀异质性形成过程进行具体分析，其次从产业结构的质与量两个角度对商品价格变动差异进行分析，最后以投入产出价格影响模型为分析依据，建立商品价格变动与居民消费行为之间的联动关系，以探索不同收入群体通货膨胀异质性形成的关键环节，从而建立逻辑严密、方法合理的分析构架，使通货膨胀异质性形成的研究更加清晰和明确。第二，从多种角度讨论通货膨胀异质性产生的社会经济影响后果，对通货膨胀异质性的研究进行了必要的补充。第三，建立细分居民部门的社会核算矩阵，运用CGE模型对多种缓解通货膨胀压力的宏观政策的实施效果进行模拟分析并对比，丰富了我国宏观政策的理论框架和政策实践。

目　　录

表索引

图索引

第一章 导 论

第一节 研究背景

前国务院总理温家宝于 2012 年 3 月 5 日在十一届全国人大五次会议中代表国务院向大会做政府工作报告时提出，2012 年居民消费价格涨幅控制在 4％左右，综合考虑了输入性通货膨胀因素、要素成本上升影响及居民承受能力，也为价格改革预留一定空间；努力克服国内外各种不稳定、不确定因素的影响，保持经济平稳运行；要继续采取综合措施，保持物价总水平基本稳定，防止价格走势反弹。

可见，通货膨胀一直以来都是政府及居民所关心的经济问题，与一国的经济发展和社会稳定有着密不可分的联系。改革开放以来，我国经济体制从计划经济向市场经济过渡所产生的各种变动均对社会商品价格有一定影响，尤其是 2000 年以来，随着国际经济形势风云变幻和国内经济增长的进一步扩张，通货膨胀出现了逐年上涨的趋势。以居民消费价格指数（CPI）和城市居民消费价格指数（UCPI，Urban Consumer Price Index）为依据，如图 1-1 所示，除个别年份出现轻微下浮，其他年份均同比上涨。

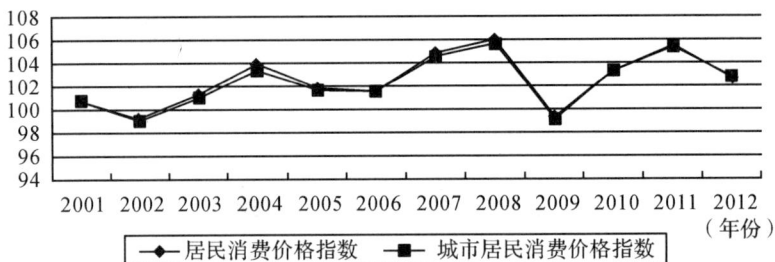

图 1-1　2001—2012 年居民消费价格指数和城市居民消费价格指数趋势图

通货膨胀会直接影响居民的实际生活水平，因此，政府部门应积极地采取各种相关政策缓解居民的通货膨胀压力。本书就目前宏观政策的实施效果进行述评，并在此基础上提出存在的现实问题，为更好地消化价格上涨、缓解居民通货膨胀压力提供实际依据。

一、现有缓解通货膨胀压力政策的实施情况

随着国际国内经济形势的复杂变化，2007 年以来我国通货膨胀趋势越来越显著，月度居民消费价格指数常常突破 3％的警戒线。基于严重通货膨胀对社会产生的危害作用，政府部门也不遗余力地通过各种方式缓解通货膨胀对居民造成的压力。为了缓解通货膨胀对居民造成的压力，政府部门从两个不同的角度来不断地提出相关政策：一方面是提高居民收入，实现居民收入与经济增长同步发展，从实际收入上抵消通货膨胀的影响，如通过普遍上调工资水平、提高价格补贴等来弥补由通货膨胀造成的损失；另一个方面就是从根本原因上治理通货膨胀，控制物价上涨。为避免通货膨胀对宏观经济产生较大的影响，政府部门及相关专家极力寻找通货膨胀产生的根本原因并采取适当政策尽量使其平缓过

渡。 然而对本轮通货膨胀的产生缘由，经济学界存在很大的争议，从各种理论的角度提出了诱发通货膨胀的可能性，也基于自身的理论提出治理政策及建议。 综观已有文献，主要集中于两种主流思想。 一种认为，本轮通货膨胀产生的主要原因是货币发行过量。 姚远（2007）分析得到，货币供应对通货膨胀和经济增长的影响具有滞后效应，长期内货币非中性，应当采取措施降低货币供应率及货币供应增长率。 方勇等（2009）认为，本轮通货膨胀是过去一段时期货币供应量累积偏多的结果，需要以基础货币的调控为重点，采取货币政策加以根治。 基于类似分析与建议，中国人民银行自2010年以来多次上调存贷款基本利率和存款准备金率，缩紧银根、减少信贷从而应对通货膨胀。 另一种认为，本轮通货膨胀产生的主要原因为外部冲击。 中国经济增长与宏观稳定课题组（2008）认为，国际食品价格、国际原油价格、人民币升值、国际利率都在不同时间维度上影响到国内物价，并提出治理中国通货膨胀的根本途径为调整要素价格、抑制投资需求膨胀及提高汇率机制弹性等。 类似的宏观政策还有转变增长方式、调整产业结构等。 当然，除了上述两种主流思想之外，还有从财政分权、需求推动、成本拉动、结构性等角度提出如何治理通货膨胀的研究。

虽然相关政策在一定程度上能够起到调控作用，但也经常出现调控不力的情况。 如2011年，政府预计通货膨胀率会达到4%左右，但是实际通货膨胀率达到了4.5%。 同时，居民也感受到通货膨胀提高了生活成本，这说明一定程度上存在通货膨胀压力。 所有这些都说明，缓解通货膨胀压力的政策在一定程度上仍然没有到位，或者说政策实施存在一定的偏差。 这些研究对缓解居民通货膨胀压力有很大的参考意义，但是从目前政府已经实施或者学者从理论上提出的各种缓解通货膨胀压力的政策来看，其实施对象都存在重点不突出、针对不明确的特点，从而影响到缓解效果并增加成本。

事实上，在通货膨胀发生的过程中，很多现象都存在异质性，一方面来源于不同消费品价格变动的异质性，另一方面来源于不同收入群体承受通货膨胀压力的异质性。

二、我国不同收入居民的通货膨胀存在异质性

每当通货膨胀来临时，铺天盖地的新闻报道及公众反映都会让社会群体感知到现有的经济状况和经济预期存在较为严重的问题，但仔细回想各种细节，发现对通货膨胀产生恐慌的往往是收入较低的群体；而收入较高的群体从来不担心通货膨胀，反而在特定的条件下对于他们来讲，通货膨胀是不可多得的获得利益的时机。 因此，通货膨胀对不同收入群体的影响是不一致的，即存在通货膨胀异质性。

从广义的角度来讲，通货膨胀异质性指通货膨胀在不同的时间和空间存在差异，如不同的区域、不同的年份、不同的对象等。 从本书的角度来讲，通货膨胀异质性特指通货膨胀在城镇居民不同收入群体间存在差异①。

---

① 本书提到的不同收入群体均指城镇居民。本书主题涉及居民消费价格指数异质性，收入相对较低群体受居民消费价格指数影响较大，主要是因为收入低的群体的食品支出占收入的比重较大而食品价格较高。考虑到我国农村居民虽然食品支出占收入的比重也很高，但是消费的类型主要是自给性消费，购买的物品多为粮食、肉、蛋、蔬菜等，这些农产品价格的上涨对自给性消费占收入绝大部分比例的农村居民并没有实质性影响。

　　从 2001 到 2012 年[①]，本书根据国家统计局公布的不同收入群体和不同类别商品的价格指数情况，利用加权算术平均方法[②]，得出不同收入群体各年的居民消费价格指数。 从表 1-1 可以看出，每年高收入群体面临的居民消费价格指数都低于低收入群体，平均[③]来看，最高收入群体居民消费价格指数在样本期间内平均增长 1.38％，最低收入群体居民消费价格指数平均增长 2.62％，相差 1.24 个百分点，从而可以得出各种收入群体间的通货膨胀存在一定差异的结论[④]。

表 1-1　2001—2012 年不同收入群体居民消费价格指数(上年＝100)

(单位:％)

年份	群体						
	最低收入群体	低收入群体	中等偏下收入群体	中等收入群体	中等偏上收入群体	高收入群体	最高收入群体
2001	100.66	100.68	100.59	100.53	100.48	100.50	100.37

───────────

　　① 2000 年之前的分类指数的分类情况与之后的分类情况不同,因此从 2001 年开始分析。

　　② 在统计年鉴中对不同收入群体消费支出构成的分类与分类指数中的分类有所差异,统计年鉴中的不同收入群体消费支出构成的分类包括食品、衣着、居住、家庭设备用品及服务、医疗保健、交通通信、教育文化娱乐服务和其他商品及服务,而分类指数中没有其他商品及服务项,是烟酒及用品。为了将二者统一,本书假定其他商品及服务仅指烟酒及用品,近似地计算相关居民消费价格指数。

　　③ 这里的平均指几何平均。

　　④ 按照统计学思想,说明不同现象间具有显著性差异必须经过显著性检验。本书的数据从数值上来讲较为接近,因此统计检验的结果为无显著性差异。但是考虑到居民消费价格指数的变化范围本身不大,1 个百分点的变动会引起较为显著的经济变动,因此,本书不加检验地认为不同收入群体间存在显著性差异。

续　表

年份	群体						
	最低收入群体	低收入群体	中等偏下收入群体	中等收入群体	中等偏上收入群体	高收入群体	最高收入群体
2002	99.18	99.10	99.04	99.04	98.82	98.99	98.86
2003	101.12	101.00	100.86	100.73	100.60	100.49	100.34
2004	104.74	104.34	104.00	103.63	103.41	103.18	102.61
2005	102.02	101.81	101.67	101.54	101.42	101.36	101.09
2006	101.76	101.61	101.52	101.43	101.36	101.32	101.13
2007	106.02	105.52	105.24	104.93	104.64	104.17	103.47
2008	107.52	107.16	106.68	106.30	105.89	105.34	104.57
2009	99.54	99.52	99.47	99.40	99.32	99.25	99.07
2010	103.99	103.74	103.50	103.27	103.05	102.82	102.43
2011	106.52	106.48	106.19	105.89	105.60	105.29	104.91
2012	102.97	103.14	103.06	102.94	102.81	102.67	102.60
平均	102.62	102.42	102.23	102.06	101.88	101.72	101.38

可见，对不同收入群体通货膨胀异质性的认知可以使居民区别看待通货膨胀问题，更有针对性地对待不同收入群体，能够更好地缓解通货膨胀压力。

一般来讲，通货膨胀率指居民消费价格指数，即以各类商品消费结构为权重，对各类商品的价格指数进行加权平均的结果。因此从表面来讲，这两个元素成为通货膨胀异质性产生的根源。

(一)结构性价格上涨在我国的表现

一般来讲，结构性价格上涨是指在全社会总供给与总需求处于均衡的状态下，因部门间劳动生产率的差异和货币工资增长率保持一致的矛盾所引起的物价总水平上涨。 2001年到 2012 年间，我国居民消费价格总指数呈现基本平稳的发展趋势，并没有随着经济快速增长而大幅上涨。 但可以明显看出的是，构成居民消费的八大类型商品中食品和居住两个大类呈现了结构性上涨特征。 在样本期间，食品平均价格上涨超过总指数 3.28 个百分点，居住平均价格上涨超过总指数 0.65 个百分点，而其他大类平均上涨水平均低于总指数。 尤其是在样本期间，有些月份出现了更大的差异，如 2011 年 8 月总指数同比上涨 6.2%，其中食品价格同比上涨 13.4%，居住价格同比上涨 5.5%。 从 21 世纪以来我国通货膨胀的情况可以看出，不同类型商品的价格上涨确实存在一定的差异程度，这可视为结构性价格上涨的表现，具体数据参见表 1-2。

很多学者对我国近些年出现的结构性价格上涨现象进行探讨，但是从已有的文献来看，分析的角度缺乏系统性和长期性，与国内外短期各种因素的影响相关，而忽视系统的和长期的理论和实践验证。 可见，若对结构性价格上涨缺乏系统性认识，必然会导致政策选择出现偏差。

表 1-2　2001—2012 年居民消费价格总指数及八大类商品指数(上年＝100)

（单位:%）

年份	总指数	食品	烟酒及用品	衣着	家庭设备用品及服务	医疗保健	交通通信	教育文化娱乐	居住
2001	100.7	100.0	99.7	98.1	97.7	100.0	99.0	106.6	101.2
2002	99.2	99.4	99.9	97.6	97.5	98.8	98.1	100.6	99.9
2003	101.2	103.4	99.8	97.8	97.4	100.9	97.8	101.3	102.1
2004	103.9	109.9	101.2	98.5	98.6	99.7	98.5	101.3	104.9

续　表

年份	总指数	食品	烟酒及用品	衣着	家庭设备用品及服务	医疗保健	交通通信	教育文化娱乐服务	居住
2005	101.8	102.9	100.4	98.3	99.9	99.9	99.0	102.2	105.4
2006	101.5	102.3	100.6	99.4	101.2	101.1	99.9	99.5	104.6
2007	104.8	112.3	101.7	99.4	101.9	102.1	99.1	99.0	104.5
2008	105.9	114.3	102.9	98.5	102.8	102.9	99.1	99.3	105.5
2009	99.3	100.7	101.5	98.0	100.2	101.2	97.6	99.3	96.4
2010	103.3	107.2	101.6	99.0	100.0	103.2	99.6	100.6	104.5
2011	105.4	111.3	102.8	102.1	102.6	103.4	100.5	100.4	105.3
2012	102.7	105.1	102.9	102.9	102.1	102	99.7	100.4	102.2
平均①	102.43	105.71	101.09	98.78	99.95	101.19	98.92	100.90	103.08

(二)不同收入群体消费结构不同

由于受到经济因素和生活习惯的影响，不同收入群体会呈现不同的消费结构。如表1-3所示，从2001—2012年七种不同收入水平的城镇居民在八大类型商品支出的平均比重可以看出，最低收入群体的食品消费支出比重远远大于最高收入群体（高出19.03个百分点），而在代表较高生活水平的交通通信（高出10.9个百分点）、教育文化娱乐服务（高出3.8个百分点）、家庭设备用品及服务（高出3.25个百分点）方面的消费支出比重，最高收入群体远远大于最低收入群体。这里需要特别指出的是，在样本期内，居住消费支出比重在七种群体中呈现"U"形趋势，即最低收入群体到中等偏上收入群体是逐渐下降的，随后出现拐点，即从

---

①　注：这里的平均具体指几何平均数。

高收入群体开始上升。

表 1-3 2001—2012 年城镇居民八大类商品支出占总支出的平均比重

(单位:%)

商品类别	收入群体						
	最低收入群体	低收入群体	中等偏下收入群体	中等收入群体	中等偏上收入群体	高收入群体	最高收入群体
食品	47.72	44.96	42.17	39.36	36.74	33.87	28.69
衣着	7.71	9.53	10.40	10.84	10.74	10.30	9.39
居住	11.99	10.96	10.33	10.05	9.71	9.80	10.13
家庭设备用品及服务	4.47	4.82	5.47	6.10	6.51	7.10	7.72
医疗保健	6.94	6.98	7.02	7.17	7.36	7.25	6.44
交通通信	7.23	8.43	9.30	10.26	11.70	13.62	18.13
教育文化娱乐服务	11.06	11.44	12.15	12.71	13.34	13.81	14.86
烟酒及用品	2.60	2.87	3.17	3.51	3.9	4.25	4.85

居民承担的通货膨胀由商品价格因素和消费水平所决定,二者紧密地联系在同一个大系统内,任何一种商品的价格变动都会影响到其他商品的价格和居民消费状况,从而间接导致通货膨胀率出现变动。它们之间的关系需要更为科学和系统的方法进行梳理,从而找出影响通货膨胀的关键点(包括关键商品和关键群体),再从中寻找对整体通货膨胀较为敏感的商品进行差别化调控,对通货膨胀较为敏感的收入群体进行有针对性的缓解,最终提高总体社会居民福利水平。

第二节　研究意义

一、实际意义

第一，本书通过对不同收入群体的通货膨胀受价格变动影响的研究，寻找通货膨胀产生的关键点，从而为缓解通货膨胀压力提供更精确的针对对象。尽管我国的通货膨胀率已经进入全面上涨的阶段，但是从缓解居民通货膨胀压力的角度来看，仍可采取结构性政策，即对影响较为敏感的商品采取针对性强的结构性供给扩张思路，政府可在一定计划及市场调控下释放储备、促进生产、放松管制、给予特殊补贴，最终提高这类商品的有效总供给，缓解由于这类商品价格上涨而引发的全面膨胀。不同收入群体承受的通货膨胀程度不同，由于各种调控政策的出台及实施都存在一定的滞后性，在短期内不同收入群体必须适应与通货膨胀共存。政府对低收入群体实施的最低生活保障制度应与他们自身承受的通货膨胀挂钩；对于中等收入群体而言，他们往往是储蓄的主要来源者，应保证他们的存款不被通货膨胀稀释；高收入群体的通货膨胀压力较小，而且这部分群体往往能够从投资中获取更多的利益，因此为了控制通货膨胀引起"劫贫济富"的收入分配效应，国家应征取相应的税收。

第二，缓解居民通货膨胀压力的相关政策中，一方面主要是提高居民劳动报酬收入，另一方面降低商品价格。但是这两类缓解通货膨胀压力的政策在产生正向影响的同时不可避免地产生负向作用。提高居民劳动报酬收入固然可以弥补居民受通货膨胀压力的福利损失，但是劳动报酬的提高会导致企业劳动成本的增加，从而使得商品价格上涨，那么经过这一轮的经济循环，居民所承受的通货膨胀压力可能并没有减缓反而增强。同样地，降低商品价格会提高居民实际生活水平，但是这需要生产者进一步地缩减成本，这又可能降低劳动者报酬，那么居民福利水平同样不能提高。各种抑制通货膨胀的政策在实施过程中有得有失，本文通过对缓解通货膨胀的不同政策效果进行比较分析，旨在提出缓解通货膨胀压力既有效又能节约成本的最佳途径。

二、理论意义

第一，由于通货膨胀异质性不是一个独立的经济问题，而是与各种其他经济问题紧密联系在一起的，但是目前的理论界往往忽略异质性现象，比如收入计算、确定贫困线、征收个税起征点等，很多学者都假定不同收入群体具有通货膨胀同质性，使得各种计算结果出现偏差。本书通过加强对异质性分析的重要性，以期对未来相关人员分析收入分配等经济问题提供理论与实证基础。

第二，常用的投入产出静态开模型可以反映居民消费需求变动对各产业生产的影响，但是不能反映各产业生产变动对居民部门的影响，即忽略了居民部门的引致效应（李景华，2012），所以静态开模型虽然处理上有利于问题简化，但是不符合本书的研究主题。本书为了研究商品价格、劳动者报酬及生产税净额等对居民部门消费的影响，将居民部门从第二和第三象限添加到第一象限，增加居民收入行和居民消费列，得到扩展的投入产出局部闭模型；更为了与本书研究主题不同收入群体的消费问题相结合，将居民部门划分为多个层次。

第三，CGE 模型作为经济学领域有效的实证分析工具，最常被用来模拟和评估财政政策的实施效果。本书在基本模型的基础上，根据研究的主要目的，对居民部门进行分层，扩展已有模型，从而为分析不同收入群体的通货膨胀异质性提供理论和方法论基础。

第三节　国内外文献综述

一、通货膨胀异质性研究的理论背景介绍

当前，居民生活水平的差距不断变大已经成为我国经济发展过程中不可忽视的一个重要问题。经济在发展的过程中充斥着均衡与非均衡的交替，其在推进经济前进的同时也形成了较大的差异。从 20 世纪 50 年代起，不同国家的学者就开始集中研究经济的均衡与非均衡发展理论，并逐渐使其成熟。对于发展中国家，非均衡发展理论尤其具有现实的指导意义。针对我国的发展情况，"让一部分人、一部分地区先富起来"的非均衡发展战略性政策，更带动了财富效应和示范效应的级数非均衡扩大。本书对我国通货膨胀异质性的研究即是基于经济发展不均衡而产生的，包括商品价格异质性及居民承担通货膨胀压力异质性。非均衡发展主要由区域非均衡、行业非均衡等体制共同作用形成。关于发展中国家出现的异质性，从理论上来讲主要涉及经济非平衡发展理论。

(一)倒"U"形假说

西蒙·库兹涅茨在 1955 年发表的《经济增长与收入不平等》一文中研究公平与效率关系问题时提出,如果以人均财富为横坐标,以人均财富差异为纵坐标的话,二者在直角坐标系中的关系表现为倒"U"形规律曲线。从发展经济学的角度可解释为在经济发展的早期,从农业社会到工业社会的转变过程中,收入分配一般都较为均等,但是由于劳动力快速转向收入较高的工业部门,不平等程度加速扩大;发展到后期由于工业化的逐步完善,不平等程度将逐渐缩小。

1965 年,美国经济学家威廉姆逊把库兹涅茨的倒"U"形假说应用到了对区域经济发展分析方面,提出了区域经济差异的倒"U"形理论。他认为,区域间人均收入水平和经济增长会随着经济发展的转变由不均衡向均衡。

两种倒"U"形假说均考虑到了时间变量,将其引入理论中更具体地表现出了均衡与增长之间的替代关系会随时间的推移而呈非线性变化的实际情况。

(二)增长极理论[①]

"二战"后的 20 世纪 50 年代中期,法国经济学家弗朗索瓦·佩鲁针对一些新兴独立国家的经济增长与社会发展不协调的情况提出了增长极的概念。佩鲁的结论是,经济增长在不同行业、部门和地区之间按照不同速度不平衡地进

---

① 曾坤生:《佩鲁增长极理论及其发展研究》,《广西社会科学》1994 年第 2 期,第 16—20 页。

行。 在分析过程中，佩鲁将增长极分为两类，一类是厂商或企业，另一类是产业，提出具有创新的部门在经济发展过程中才能对其他部门产生"支配效应"和"扩散效应"；同时提出通过投入产出关系，可以使得相关产业和企业进一步聚集，从而形成大型产业群，促进更强大的经济发展。 因此，增长极理论中起到主要作用的是"创新"理论、产业相互关联和相互依存理论。

(三)累积循环因果理论

1957 年，瑞典经济学家缪尔达尔提出了累积循环因果理论[①]。 该理论认为，某些条件好的地区具有初始优势，发展超前，这种优势有利于不断累积有利因素继续优先发展，从而造成不同空间地区存在不平衡的发展。 具体解释为经济发展的过程中存在两种相反的效应，一种是"回流效应"，另一种是"扩散效应"。"回流效应"指的是，各种生产要素如劳动力、资本等从经济不发达地区转向发达地区，造成地区间不平等；"扩散效应"表现为发达地区对不发达地区产生有利的影响，使得各种生产要素向不发达地区扩散，从而使得差异缩小。 但是在市场机制的作用下，往往是"回流效应"大于"扩散效应"，因此，表现为显著的地区差异。

---

① Myrdal G. *Economic Theory and Under-Developed Regions*, London：Duckworth，1957.

(四)不均衡增长理论①

1958 年，美国经济学家郝希曼提出了区域"核心区—边缘区"的非均衡增长理论。 该理论提出了与累积循环因果理论中"回流效应"和"扩散效应"相对应的"极化效应"和"涓滴效应"。 具体地，核心区指具有较好发展基础的地区，在巨大的积聚效应作用下，各种要素由其他地区向核心区积聚，提高了核心区的经济增长速度，这称为"极化效应"。 与之相对应的是，周边落后的地区为边缘区，在核心区发展的同时，不断满足落后地区的各种要素需求，同时向边缘区输出各种要素，这种"涓滴效应"促进了边缘区的发展。 但是在经济发展过程中，"极化效应"总是大于"涓滴效应"的，因此，同样表现出核心区的经济增长总是大于边缘区的非均衡增长。

(五)梯度转移理论

1966 年，美国哈佛大学跨国公司问题专家弗农提出了"产品循环说"，认为工业产品及生产部门要经过创新、发展、成熟、衰退等生命周期的四个阶段。 相关发展经济学家将该理论应用到区域经济差距的研究中，形成了"梯度转移理论"。 该理论将所有地区分为"低梯度地区"和"高梯度地区"，认为各区域客观上存在的经济技术梯度造成了经济发展的不平衡。 "高梯度地区"指具有一定的产业结

---

① 郝希曼：《经济发展战略》，曹征海、潘兆东，译，经济科学出版社 1981 年版，第 59—65 页。

构优势的地区，但随着时间的推移，上述优势会逐渐向低梯度地区转移，从而缩小地区间差距。

通过对经济非均衡增长理论的总结，我们可以看出，经济发展的初期总是存在非均衡的区域或行业差距，发展过程会由于"扩散效应"或者"涓滴效应"等向均衡状态过渡，从而缩小各地区或各行业间的发展差异，缩小居民收入水平及价格水平等的差异。我国的经济发展目前仍处于初级阶段，经济现状中存在各种不均衡状态，这为本书研究通货膨胀异质性提供了理论和现实依据。

二、关于商品价格非平衡变动的原因分析

商品价格非平衡变动是指，不同商品的价格变动程度存在一定的差异，与结构性通货膨胀并不是同一个概念，但是商品价格非平衡变动是结构性通货膨胀的一种表现形式，也可以看作是一种必要条件。因此对商品价格非平衡变动的原因进行综述时也包括了对结构性通货膨胀的形成原因分析。

在通货膨胀分析体系中，存在显性通货膨胀、隐性通货膨胀和综合通货膨胀。其中，显性通货膨胀是由外部原因引发的，隐性通货膨胀是由货币供给形成体系内的因素决定的，综合通货膨胀是由显性和隐性通货膨胀综合作用而产生的结果。一般来讲，分析通货膨胀成因的理论中更多的出发点是对显性通货膨胀类型的研究，以便于从源头上进行根本性治理。显性通货膨胀的成因理论主要有需求拉动型、成本推动型、经济增长过快型、结构失衡型、供求综合推动型等。从本书的主要研究内容上来看，主要考察在居民消

费价格总变动中，哪些类型的价格变动对居民的影响程度较大，哪些类型的影响较为次要，从而揭示出通货膨胀形成的主要矛盾，进而对通货膨胀进行有针对性的治理。整个思路的理论依据为结构性通货膨胀理论。

结构性通货膨胀理论认为，在没有需求拉动和成本推动的前提下，生产结构的变化导致总供求失衡或者导致部分供求失衡，通过价格刚性和价格攀比的传导机制引发通货膨胀。就结构性通货膨胀的具体产生原因来看，又可分为以下几种模型：

(一)需求结构移动模型

1959 年 C. I. Schultze 在其《最近美国的通货膨胀》一文中提出了"需求移动论"，其从经济结构的变化导致需求在部门之间的移动来解释通货膨胀的原因。即在总需求不变的情况下，由于社会经济变动或消费习惯改变，各消费群体对某部门的消费需求转移至其他部门，而对应的劳动力、资本等生产要素在短时间内未能做出及时调整，最终使得需求增加的部门因供不应求的生产环境导致产品价格上涨并伴随着工人工资水平的提高；而需求减少的部门因未能及时下调产品价格和工资水平，结果导致两类部门商品价格都在较高水平，也就是物价总水平的上升。

(二)不平衡增长模型

1967 年，鲍莫尔在《不平衡增长的宏观经济学：城市危机的解剖》一文中提出以不同劳动生产率增长率为核心的结构性通货膨胀模型。主要内容为：经济活动中存在劳动生产率不断提高的先进部门（如工业部门）和劳动生产率保持不变的保守部门（服务部门）。 如果前者因生产率的提高而增加其工人工资时，由于价格攀比的传导机制的存在，后者的劳动者也会要求货币工资以同样比例提高。 在这种情况下，整个社会经济产生由工资成本推进的全面通货膨胀。

有类似见解的学者还有托宾、希克斯、萨尔沃等。 托宾在 1972 年发表的《通货膨胀与失业》一文中提出工人们关心相对工资胜过绝对工资，如果某一部门的工资上升，将引起其他部门的工资同比例上升。 希克斯在 1974 年发表的《凯恩斯经济学的危机》中提到，扩展部门在经济繁荣时期由于劳动力缺乏而提高工资，非扩展部门的劳动者为求得公平也要提高工资，从而使整个社会的工资水平普遍上升。英国学者萨尔沃用部门间的差异来解释结构性通货膨胀。他认为，产业部门和服务业部门的生产率增长程度不同，但其货币工资增长率相同。 这种部门间生产率增长的差异和货币工资的一致增长，造成了服务部门成本持续上升，从而造成一般物价水平的上涨。

（三）小国型模型

1970 年，斯堪的纳维亚半岛经济学家奥德·奥克鲁斯特等人建立了一种"斯堪的纳维亚通货膨胀模型"，说明了通货膨胀从世界市场到开放经济小国的特殊传递机制，并称其为小国型通货膨胀。 该模型中提到的"小国"不是以物理意义上的国土和人口因素为标准的小国，而是假定该国在世界市场上不能影响到国际价格，而只能是国际价格的被动接受者。 同时，该理论也将一国经济部门分为两种类型：

第一类是开放经济部门，指与世界各国市场存在经济贸易往来的部门；第二类是非开放经济部门，指不参与国际贸易往来的国内部门。

小国型通货膨胀模型，是指当国际市场产品的价格上涨时，开放经济部门的产品价格会随之上涨，结果也会使开放经济部门对应的劳动要素、资本要素等价格上涨，而非开放经济部门必然会因向开放经济部门看齐而提高劳动报酬，结果导致非开放经济部门的生产成本也上升，国内产品价格也必然随之提高。这样，就导致了"小国"全面的通货膨胀。

(四)落后经济模型

落后经济这种观点起源于处在发展中国家的拉丁美洲。从农业部门的角度看，一般的发展中国家一直实施较为传统的土地所有制，如中国的集体所有制形式。该制度严重阻碍了农业经济的发展，最终导致生产效率低下。在农业无法满足其他部门如工业等经济发展的需要时，必然产生农产品价格上涨的趋势，由于农业是经济发展中的基本产业，其产品的价格变动也必然会引起一系列的物价变动。从贸易的角度看，在农业生产率低的情况下必然会形成对进口的需求，即通过出口国内工业产品与其他国家农业产品进行交换。但是，发展中国家的外贸部门的效率往往也相对低下，进出口的结构也很不合理，如出口产品主要以初级产品为主，而进口产品又以刚性需求的资本品及中间投入品为主，两类产品在国际市场的价格及重要性的不均衡性导致国家收支存在大量的逆差，最终导致出口收入的增长额大大低于进口支出的增长额，从而形成本币贬值、进口国家产品的价格上涨带动国内价格全面上涨的窘境。从政府部门的角度看，由于发展中国家的政府部门实施以间接税为主的税收体制，对于人均收入水平较低的国家这种间接税所占比重也较小，政府在应对经济增长中各种投资支出时较为困难，唯有增发货币来弥补形成的结构型财政赤字，通货膨胀也随即形成。

总之，结构主义经济学家认为，发展中国家存在着不合理的经济结构和落后的刚性制度，最终使物价水平随之一起上涨。

(五)价格黏性模型

黄志刚（2010）[①]构建了一个具有黏性价格的一般均衡模型，分析不同商品价格非平衡变动的现象。在经济发展的过程中，由于存在菜单成本论、交错合同论、特殊的制度环境、政府干预等现象，使得即使在完全的市场经济环境下，不同产品的价格调整仍然存在异质性。

该模型是包括四个部门的一般均衡模型，分别是家庭，假定经济中存在一个具有追求一生效用最大化的代表性家庭，其收入来源有工资收入、股票投资收益和债券投资收益，其支出有一般消费，计划持有的股票、债券和税赋。企业，具体包括两种类型的企业：一种是价格具有黏性，即当期价格不会随着外生冲击发生调整至下个时期；另一种是

---

① 黄志刚：《价格非平衡变化的机理：一个新凯恩斯主义的解释》，《南方经济》2010年第4期，第52—64页。

价格随市场随时灵活变动。 证券市场，假定经济中存在一个所有企业和所有家庭都可参与的完全证券市场。 政府部门，即从事财政和货币政策制定活动。

该模型从政府的宏观经济管理政策入手，认为非平稳变化是政府的货币和财政活动引起的。 从货币政策的角度看，货币冲击将导致灵活价格产品的价格水平的变动程度超过货币增长率，同时拉动黏性价格产品的产出增长，表现为不同产品的价格调节速度不同及货币非中性。 相对价格发生变动导致居民消费支出发生转移，并且使不具有价格黏性的产品的需求量下降。 从财政政策的角度看，暂时性和永久性政府支出冲击都会引起短期内灵活价格产品部门的产品价格变动，最终提高短期价格总水平和总产出，消费被挤出。 在财政和货币政策的合成作用下，价格非平衡上涨将表现得更为显著且价格上涨还具有长期效应。

黄志刚通过具有黏性价格的一般均衡模型来考察货币、财政和价格变化的关系，很好地解释了我国 2007—2008 年发生的所谓"结构性通货膨胀"现象。 在这一期间，我国总体通货膨胀水平随货币供给量和财政支出的增长表现出不断上升的趋势，但是由于受限于市场结构、行业特征和政府管制等的差异，各种产品价格调整的灵活性不同，出现部分产品价格大幅度上升现象。

(六)部门瓶颈模型

从发展中国家通货膨胀的历史形成上来看，中国、印度、巴西等国的通货膨胀均表现为农产品价格的快速上涨。这种现象并非偶然，而是由发展中国家类似的发展战略所决定的。 大多数发展中国家都是靠工业化战略拉动经济增长，因此长期忽视农业发展的作用，使得农业部门发展滞后，导致对农产品出现过度需求时无法满足，成为经济发展的瓶颈部门，而这些瓶颈部门中往往蕴藏着巨大的通货膨胀压力。

吴军等（2008）通过详细分析否定了目前我国通货膨胀来源于总需求层面的说法，而认可来源于经济结构性层面的结论。 他们利用部门瓶颈模型阐述了通货膨胀率取决于农业超额需求增长率和部门间供给增长速度之差，分析了由于农业部门发展的相对滞后形成的价格非平衡变动机制，并进一步从收入分配角度解释了这种现象的自我维持机制。

不同学者或学派都以某一方面为切入点构建经济模型来解释结构性价格变动以至于结构性通货膨胀，对价格非平衡变动有了更具体系统的分析。 但是，这些理论模型更多的是建立在西方发达国家的国情背景基础之上的，用来分析我国特殊的国情就会存在一定的条件制约，因此，针对我国的经济背景需要有更适合的分析研究。

三、关于居民通货膨胀异质性的原因分析

结合本书的主要研究内容，居民通货膨胀通过居民消费价格指数来衡量测定。 那么，居民通货膨胀异质性是指，不同类型居民的消费价格指数的差异性。 众所周知，居民消费价格指数是以居民消费结构为权重对不同类别商品价格指数进行加权平均的结果。 因此，我们可以拆分对居民通货膨胀异质性的研究，这也是国内外对该问题研究较少的主要原因。 也就是说，产生异质性的原因一方面来自不同类

别商品的价格变动，这一方面已在上述内容中进行过分析；另一方面来源于居民消费结构的差异性。

消费结构是指各类别商品的消费占总消费的比重，其主要受经济发展水平、产业结构和产品结构、居民收入水平、价格水平及消费观念等因素的影响，其差异性主要涉及不同户籍（指城乡）、不同收入水平、不同年龄等。Easterly et al.（2001）的研究表明，穷人在通货膨胀中受到的影响要大于富人所受到的影响。Hobijn et al.（2005）测度了1987—2001 年间美国家庭通货膨胀率的差异程度，并指出在样本期间，生活费用的上涨对老年人影响最大，主要是医疗卫生支出方面的价格上涨。同时发现，贫困家庭对汽油价格变动更为敏感。最后还得出，从整个社会来看，经历高通货膨胀的家庭在接下来的时间内不会持续下去。郭利京等（2011）运用投入产出价格影响局部闭模型，并结合 2007 年投入产出表，得出食用油价格上调 10％将使得农村居民消费价格指数上涨 0.294％，城镇居民消费价格指数上涨 0.234％的结论。

可以看出，现有文献对不同收入群体间的通货膨胀差异研究较少。不同收入群体间的通货膨胀差异会逐步扩大居民的实际收入差距，恶化收入分配格局。因此，本书将着眼于对不同收入水平的居民群体在消费结构存在差异的情况下通货膨胀异质性的形成进行分析。

四、缓解通货膨胀压力的政策汇总及评价

自 2007 年以来，我国通货膨胀现象越来越严重，对居民产生的通货膨胀压力也成为最重要的一个经济现象。从

社会保障的角度来看，通货膨胀发生时为了弥补对居民造成的损失，政府部门应尽各种可能提供缓解居民通货膨胀压力的相关政策措施，如建立工资稳定增长机制、努力提高居民就业率、增加居民转移支付手段、全面稳定市场价格等。综观近些年缓解居民通货膨胀压力的政策，主要涉及两大类型的宏观治理措施：一类是与增加居民收入相关的政策，另一类是与生产相关的政策。

（一）与增加居民收入相关的政策

增加居民收入是缓解居民通货膨胀压力最直接的补偿方式，使得居民可以在短期内应对通货膨胀所产生的不利影响。具体来讲，增加居民收入有以下三种具体的方式：

1. 普遍提高劳动者报酬

从宏观的角度来看，近些年我国政府部门、企业部门的初始收入在国民收入中所占比重不断上升，而对应的居民部门所占收入不断下降。基于这种社会现象，政府部门及学术研究者都极力地提倡提高居民劳动报酬的初始分配比例。《中央关于制定国民经济和社会发展第十二个五年规划的建议》中指出，要努力提高居民收入在国民收入分配中的比重，提高劳动者报酬在初次分配中的比重，并在"十二五"规划中写道居民收入要与GDP同步增长的长期目标。

2. 一次性补贴

2007年以来食品价格逐月上涨，常常突破3%的警戒线，政府部门对受该影响最为明显的低保、社保人员和大学生等群体进行了相应的一次性补贴政策。2010年5月，针对低收入居民生活费用涨幅较大的情况，浙江省按照有关规定，在季度价格同比涨幅超过 3％的情况下对困难群众实行一次性基本生活价格补贴。 2011 年 7 月为应对通货膨胀对居民生活带来的影响，上海市政府向部分市民派送一次性补贴，大多数退休人员都获得了 600—800 元的补贴；同年，香港和澳门地区也为居民发放各类型的一次性补贴。 这些措施切实让百姓得到了实惠。

3. 提高最低工资标准

1993 年我国劳动部颁发了关于印发《企业最低工资规定》的通知。 1994 年我国以法律形式规定实行最低工资保障制度以来，各省通常两年进行一次最低工资调整，截止到 2012 年 4 月，最低工资标准最高的是深圳的 1500 元，小时最低工资标准最高的是北京的 14 元，并规定每年最低工资调整不低于 13％。

(二)与生产相关的政策

从生产的角度缓解居民通货膨胀的压力，直观地来看能从根本上控制价格上涨。 具体来讲，有以下三种不同的方式：

1. 普遍降低商品价格

全面控制通货膨胀是解决商品价格上涨，最有代表性的政策措施。 各国政府运用货币政策和财政政策，通过解决商品供需差异与货币供需差异的矛盾来逐渐控制价格水平的上涨。

2. 特殊商品价格管制

针对近些年来食品等商品价格的上涨，2008 年 1 月国务院常务会议决议启动 15 年来首次临时价格管制和干预措施，限制近期全国不得调整汽油、天然气、水、电、供气、供暖、公共汽车等公用事业商品的价格。 学校学费、住宿费也不能提高，并规定要保持医疗服务价格稳定。

3. "点对点"生产部门补贴

从 2007 年价格上涨的实际情况来看，关键点是猪肉价格上涨导致的一系列连锁反应。 针对这种特殊情况，中央政府于 2007 年下半年三次出台政策对生猪的生产部门进行补贴，对饲料、农业生产饲料价格的上涨进行"点对点"治理并给予其生产部门补贴。 同年，政府针对猪肉生产部门进行货币直接补贴，拨出了 146 亿元来帮助养猪的农户。

上述与居民相关和与生产相关的政策措施从针对性方面来讲，可以大致分为两种类型：一种是针对所有生产部门和所有居民的普惠性政策；另一种是针对特殊的生产部门和居民群体的结构性政策。

普惠性政策固然是缓解通货膨胀压力最有影响力的方式。 努力提高居民收入很显然是缓解通货膨胀压力最直接的补偿方式，但是劳动者报酬作为经济系统中最重要的环节将影响到企业生产成本，报酬的提高将促使商品价格新一轮的上涨。 普遍式降低商品价格对居民的生活水平而言同样起到了最直接的影响，但是在经济复杂运行的环境下，商品价格下降会影响到生产部门的实际利润，从而进一步影响到企业扩大再生产，同时对政府部门的税收等宏观经济问题都会产生直接或间接的影响。 因此，我们可以看出，普惠性政策虽然可以直接减轻居民的通货膨胀压力，但是往往由于政策实施对象不明确而导致政策实施过程中产生过多的社会成本而弱化政策实施效果。

根据本书上述的分析，不同的社会群体承担的通货膨胀存在较大的差异，导致不同群体受通货膨胀影响造成的损失也存在较大区别，因此在缓解居民通货膨胀压力时必须考虑异质性的现实情况，有针对性地实施差别化调整的结构性政策。

结构性政策可概括为两种类别：一类是对中低收入群体进行收入补贴，另一类是对价格上涨商品的生产者进行生产"点对点"补贴。 结构性政策虽然针对性强，但是产生的经济效应存在较大的差异。 从两种补贴方式的经济效果来看：对生产者进行补贴可带动生产者对该商品生产的积极性，从而改变供不应求的需求状况，一方面可提高总产出水平，另一方面可降低价格水平，缓解不同收入居民承担的通货膨胀压力，提高居民的实际收入和效用水平，但由于这种政策对不同收入群体的影响是一致的，对收入分配差异格局没有改善。 对中低收入居民进行补贴可增加其消费能力，提高总需求，带动一定程度的经济增长，但同时产生的问题是有可能带动商品价格上涨，对实际收入和效用水平存在影响。

上述两种补贴政策产生的经济影响有正有负，因此政府选择缓解居民通货膨胀压力的政策时需要考虑实施的实际效果。 本书将在通货膨胀异质性的框架下，对两类结构式宏观补贴政策对整体经济产生的积极作用和消极作用进行模拟分析和比较，从而提出成本低、效果佳的最优政策。

第四节 主要研究方法

一个现实的宏观经济体系中包含着多个部门和多个经济变量，各种因素之间存在着相互依存的关系，一个部门或者一个经济变量发生变动，可能会使得整个经济系统出现连锁反应。因此，从缓解居民通货膨胀压力的研究内容来看，各种政策实施的效果应该从宏观模型上来分析和检验。综合以往研究，研究各个产业部门、各个宏观经济核算账户中变量之间关系的多维度宏观经济模型主要有投入产出模型和可计算一般均衡模型。

一、投入产出模型

投入产出模型能够反映国民经济各部门、再生产各环节间的内在联系。当国家需要对各种经济政策进行调整时，如价格变动可以作为已知的控制变量带入模型中进行模拟，利用这些模拟结果可以为制定经济政策提供一定的理论依据。基于本书的研究对象为不同收入群体，对投入产出静态开模型进行了大量的扩展，从而对不同收入群体的通货膨胀情况在各种商品价格模拟上涨的情况下进行分析。

二、可计算一般均衡模型

可计算一般均衡模型（CGE 模型）是国际上流行的用于经济学和公共政策定量分析的一个主要工具。它用来描述国民经济各部门各个核算账户之间的相互连锁关系，并且可以对政策和经济活动对这些关系的影响做描述、模拟和预测。　本书在建立居民分层的社会核算矩阵的基础上，通过CGE 模型模拟抑制通货膨胀的不同政策在实施中的效果，并进行比较，从而提出较为科学并经济的宏观政策，在此过程中主要运用专业软件 GAMS 来实现。

第五节　主要研究内容

本书共分为八章内容：

第一章是导论，主要介绍了本书的研究背景、研究意义、国内外文献综述、主要研究方法、主要研究内容、研究难点与主要创新。　文献梳理部分主要针对本书研究内容已有的研究成果进行综述，包括通货膨胀异质性形成原因文献回顾、通货膨胀异质性对一系列经济问题的影响文献回顾及缓解居民通货膨胀压力的政策汇总。

第二章针对我国近些年商品价格非平衡变动的实际现象，通过量化产业结构质与量的方式，运用计量经济模型进一步分析研究目前我国产业结构的布局是否对价格非平衡上涨有一定的促进作用。

第三章以 2007 年投入产出表为基础数据，依据本书的分析目的，将其整理分解为包括八大消费类型中间投入和七个不同收入群体的投入产出表，将投入产出模型扩展为居民分层的价格影响局部闭模型，系统地分析各类中间投入和初始投入的变动对不同收入群体通货膨胀率的影响。　同时，从中间投入的角度，运用投入产出模型分析中间投入成本推动各种消费品价格上涨的程度，并最终得出对不同收入群体通货膨胀的影响程度。

第四章基于不同收入群体通货膨胀异质性，定量分析异质性对收入不平等所造成的影响程度及通过定性分析异质性对居民福利成本、居民通货膨胀预期等经济问题产生的实际后果，从而提出忽视异质性可能会影响到整个经济体系的均衡增长的结论。

第五章提出缓解居民通货膨胀压力的各种政策实施效果的模拟模型即可计算一般均衡模型；同时，分别介绍可计算一般均衡模型的基本定义和分析步骤，以及该模型在实际中的应用领域及该模型的理论依据。

第六章根据 CGE 模型的分析步骤，主要为政策模拟 CGE 模型提供数据基础，建立社会核算矩阵。为了与本书的分析思路相结合，同时建立基于居民分层与商品（部门）细分的中国 2007 年微观社会核算矩阵。

第七章是基于 CGE 模型，对缓解居民通货膨胀压力补贴政策效应进行对比分析。首先，对 CGE 模型中的各种函数进行设定及相关参数进行估计。其次，基于自行整理编制的 2007 年社会核算矩阵资料，运用可计算一般均衡模型对目前存在的缓解居民通货膨胀压力的政策的实施效果进行比较研究。

第八章是结论及展望。主要总结了本书的研究结论，以及研究中存在的不足，并对今后的研究方向进行了展望。

根据以上研究内容，搭建本书的框架结构如图 1-2 所示。

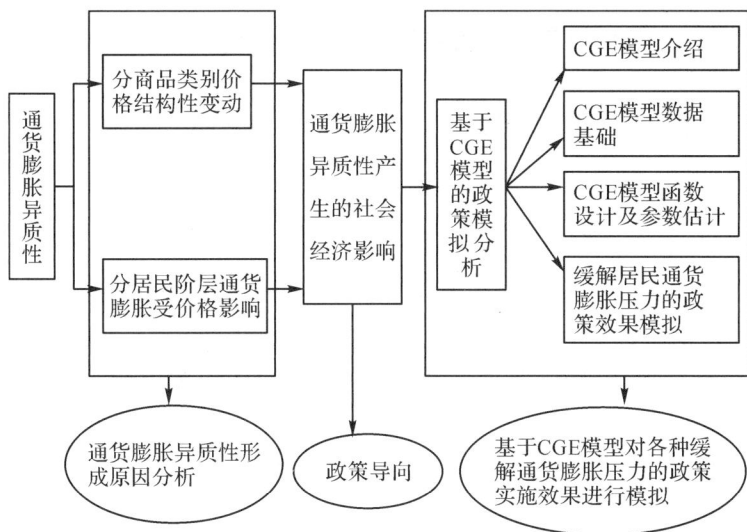

图 1-2　研究内容框架图

第六节　研究难点与主要创新

一、研究难点

本书的研究难点主要有以下几个方面:

(一)数据资料的收集

本书在实证研究中主要运用投入产出模型和可计算一般均衡模型两种多变量多部门综合模型,与其他模型相比,使用这两种模型时数据基础的准确性尤其重要。 但是由于研究问题的特殊性,需要将居民部门按照不同收入群体分组成不同的账户,再通过账户之间的关系进行调整平衡等。 在上述过程中,庞大的数据体系是本书研究中的难点之一。

(二)寻求我国通货膨胀异质性形成的关键因素

通货膨胀形成原因较多,不同经济学派观点各异。 本书试图从理论上解释这种现象存在的原因,并且利用实证分析进行进一步的验证,以寻求产生异质性的关键因素。 这在本书中既是重点也是难点。

(三)缓解居民通货膨胀压力的不同政策效果分析

在对已有政策进行梳理之后,本书选择适当的统计模型,对不同政策的效果进行合理评价,这是目前理论研究中的薄弱环节。 在通货膨胀异质性的情况下运用什么方法和模型来比较政策效果将是本书的另一难点。

二、主要创新点

第一,在梳理了与通货膨胀异质性相关的国内外文献之后,首先从分商品类别和分居民收入群体两个角度对通货膨胀异质性形成过程进行具体分析;其次从产业结构的质与量入手对商品价格变动差异进行分析;最后以投入产出价格影响模型为分析依据,建立商品价格变动与居民消费行为之间的联动关系,以探索不同收入群体间通货膨胀异质性形成的关键环节,从而建立逻辑严密、方法合理的分析架构,使通货膨胀异质性形成的研究更加清晰和明确。

第二,从多种角度讨论通货膨胀异质性产生的社会经济影响后果,对通货膨胀异质性的研究进行了必要的补充。

第三,基于通货膨胀异质性的现象,提出针对关键性商品和敏感性群体的两类型补贴政策。 同时,建立细分居民部门的社会核算矩阵，运用 CGE 模型对缓解通货膨胀压力的宏观政策的实施效果进行模拟分析并对比，最终得出对敏感性群体直接补贴将达到更好的社会经济效果的结论。 通过模拟分析丰富了我国宏观政策的理论框架和政策实践。

第二章
我国不同类别商品价格结构性变动
形成分析

近些年来，我国经济发展过程中一直伴随着通货膨胀的发生，具体的如 2003 年上半年、2006 年下半年到 2008 年初及 2010 年以来的三个时期，我国居民消费价格指数都在持续大幅度上涨，使得居民的生活受到了非常大的影响。 从这几次大通货膨胀的结构上来看，每次居民消费价格指数的上涨均与食品价格大幅度上涨密切相关。 除此之外，医疗保健、教育文化娱乐服务、居住行业的价格指数上涨也一定程度上推动了整体居民消费价格指数的上涨。 从国家统计局公布的数据来看，2000 年以来，食品价格指数平均上涨达到 4.89％，居住价格指数平均上涨 2.68％，医疗保健价格指数平均上涨 0.73％，教育文化娱乐服务价格指数平均上涨 0.99％，而其他大类行业价格指数有不同程度的下降。图 2-1 表述了我国 1995—2011 年食品价格指数与非食品价格指数的变动情况，可以看出：食品价格指数相比非食品价格指数明显存在较大的波动，仅食品一个指数的变动就可拉动整个居民消费价格指数上涨 4.1 个百分点，样本期间整个居民消费价格指数均呈现拉动上涨趋势。 通过计算食品价格指数与价格非平衡程度的相关系数也可以看出，二者的

Pearson 相关系数为 0.526，且在 5% 的显著性水平下通过双侧检验，说明二者存在较强的相关性。

因此可以得出，近些年我国通货膨胀水平与价格结构性变动之间存在一定的相关关系。经测算，1995—2011 年期间，商品价格非平衡程度①随着居民消费价格指数的变化而变动，二者的 Pearson 相关系数为 0.604，且在 5% 的显著性水平下通过双侧检验。这一结果说明了，商品价格非平衡变动程度与整体消费价格指数之间有密切的相关性。

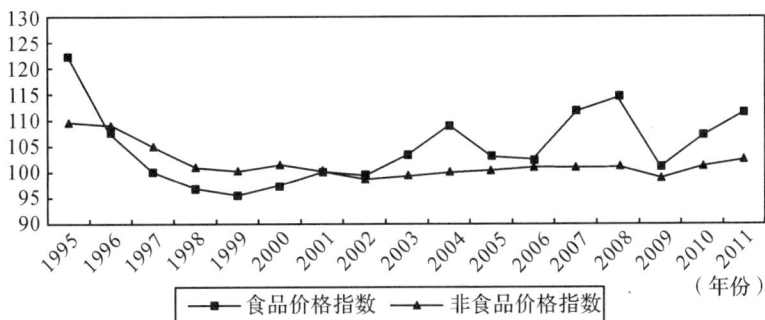

图 2-1　1995—2011 年我国食品价格指数与非食品价格指数对比情况

上述分析进一步地验证了我国通货膨胀有着明显的结构性特征，存在部门拉动通货膨胀的特点。因此就性质而言，我国目前呈现为结构性通货膨胀。我国为什么会出现部分商品价格上涨，而其他商品价格上涨缓慢甚至下降的现象呢？很多学者从国外输入、成本推动，甚至自然灾害等方面进行讨论，但是大多仅针对食品类别的价格上涨，而没有形成一套适合的体系。

——————————

① 商品价格非平衡程度是指居民消费价格指数中八大类型消费品价格的标准差系数。

　　很多经济理论认为，产业结构表现出的内在与外在的不合理对通货膨胀的产生存在一定的影响。主要归结于先进部门与落后部门之间劳动生产率的不同导致的各部门劳动工资的差异，再通过价格攀比的传导机制推动整个经济的全面通货膨胀。尤其是我国正处于社会主义初级阶段，基本国情决定了"二元经济"的存在，农业部门和工业部门之间多年来累积了很大的差异，也就是历史上长期存在的"剪刀差"现象，这无疑为结构性通货膨胀的产生提供了成熟的条件。

　　本书结合我国的经济现实情况，从产业结构的角度深入研究价格不平衡变动产生的机理，这对治理通货膨胀、缓解居民通货膨胀压力等实际问题有着重要的理论和实践指导意义。第一，对涉及的变量进行具体指标选择与数据描述；第二，运用计量模型分析产业结构对价格非平衡变动的影响；第三，丰富了发展中国家结构性通货膨胀理论。

第一节　变量选择与数据描述性分析

　　以往对价格非平衡变动的研究理论，主要集中在总需求与总供给的角度进行讨论得出的结果。基于总需求层面对价格非平衡变动的带动作用，吴军等（2008）对总需求包含的消费需求、投资需求和国外需求进行了详细的分析，认为消费需求在我国一直处于不足状态，显然不存在由于消费需求因素产生的通货膨胀压力；虽然投资需求近些年出现过膨胀趋势，但是对于国家而言投资需求毕竟是一个可控因素，因此也不存在太大的约束力；国外需求的影响主要表现为国际收支持续顺差、外汇储备激增等现象，而针对这些因素，中央银行通过对金融的宏观调控将可能造成的通货膨胀压力抑制于萌芽中。 总的来讲，来自总需求层面的通货膨胀压力基本被宏观政策调控锁定而很难显现出实际的通货膨胀。

因此，本章主要从供给层面研究价格非平衡变动产生的原因。 具体来说，是从结构性进行探索分析，其中涉及供给部门间劳动生产率差异、劳动密集型部门价格上涨、产业结构等方面，总的可归纳为，从产业结构质与量两个方面进行实证分析。

一、商品价格非平衡程度测度及数据描述

各个部门之间发展的非均衡性构成了通货膨胀的内在属性，表现为价格非平衡变动。 本书基于标准差系数原理，用各大类商品价格指数与居民消费价格指数的相对离散程度来表示非平衡变动，这也解决了不同时间的可比性问题。 具体的公式为

$$V = \frac{\sum_{i=1}^{8} W_i \, (\mathrm{CPI}_i - \mathrm{CPI})^2}{\mathrm{CPI}} \qquad (2\text{-}1)$$

其中，i 表示居民消费价格指数中八大类商品中的第 i 类；CPI_i 表示第 i 类商品的价格指数；CPI 表示整体居民消费价格指数；W_i 表示第 i 类商品的消费结构。

由于居民消费大类商品的数据统计最早追溯至 1995 年，同时为了保证数据的可获得性与可比性，本书具体选用 1995—2011 年城镇居民消费结构与城镇消费商品价格数据进行计算，测算出每年的价格非平衡程度如表 2-1 所示。

通过表 2-1 可知，我国八大类型消费品的价格指数在 2001—2006 年间的非平衡程度出现了短暂性的降低，其他大部分年份的非平衡程度均高于 4%。

表 2-1　1995—2011 年我国居民消费商品价格非平衡程度①

年份	均值（%）	标准差（%）	标准差系数
1995	116.43	7.85	6.74%
1996	108.59	5.14	4.73%
1997	102.88	6.06	5.89%
1998	99.10	4.40	4.44%
1999	98.12	4.67	4.76%
2000	99.33	4.81	4.85%
2001	100.63	2.70	2.68%
2002	99.03	1.03	1.04%
2003	100.88	2.54	2.52%
2004	103.47	4.74	4.58%
2005	101.45	2.38	2.34%
2006	101.40	1.70	1.68%
2007	104.65	5.66	5.41%

---

①　1.计算价格非平衡程度时统计年鉴中存在口径不统一的问题。关于城镇居民消费价格分类指数，1995—2000 年间商品分类为食品、衣着、家庭设备及用品、医疗保健用品、交通和通信工具、娱乐教育文化用品、居住和服务项目，而 2001—2011 年间统计分类为食品、烟酒及用品、衣着、家庭设备及服务、医疗保健和个人用品、交通和通信、娱乐教育文化、居住。2.与本书相关的另一个要素即消费结构的统计分类从 1995—2011 年一直延续着的分类为食品、衣着、家庭设备及用品、医疗保健用品、交通和通信工具、娱乐教育文化用品、居住和其他。可见，其与 1995—2000 年的价格分类指数中的分类基本一致，而与 2001—2011 年的分类存在差异，本书近似地将其他商品与服务看作烟酒及用品分项。

续 表

年份	均值(%)	标准差(%)	标准差系数
2008	105.93	7.01	6.61%
2009	99.32	1.99	2.00%
2010	103.08	3.40	3.30%
2011	105.51	4.83	4.58%

二、产业结构非平衡及数据描述

所谓产业结构，是指各产业在其经济活动过程中形成的技术经济联系，以及由此表现出来的一些比例关系。 其中，"比例关系"是从量的角度反映各个产业在整个经济系统中的地位，属于各产业在经济活动中产生的外在现象。"技术经济联系"是从质的角度定义了各产业间的相互联系，属于各产业在经济活动中形成的内在规律。

因此，本书通过量化产业结构质与量的方式，进一步分析研究我国产业结构的布局是否对价格非平衡上涨有一定的促进作用。

(一)从产业结构质的角度

从产业结构质的角度出发，本书具体运用劳动生产率指标进行衡量，表示为本产业当年利润增加值与当年底就业人员数之比。 表 2-2 为 1995—2011 年我国第一、第二产业各自劳动生产率及二者劳动生产率的比值。 从表中可以看出，第一产业的劳动生产率相对较低，但是近些年出现了逐年上升的趋势；第二产业劳动生产率远远高于第一产业，并且也呈逐年上升趋势，这充分说明我国经济发展过程中存在一定的部门瓶颈。这种非正常的经济现象在我国已经是不可否认的事实。

但是从二者的比值情况来看，出现了以 2003 年为拐点的先上升后下降趋势。同时，经过平均增长率的计算本书发现，样本期间，第二产业的平均增长率仅高于第一产业 1 个百分点，并且在一些年份出现了平均增长率低于第一产业的情况。这说明第一产业的发展近些年已经呈现出追赶态势。

表 2-2　1995—2011 年我国第一、第二产业劳动生产率比值情况

年份	第一产业劳动生产率	第二产业劳动生产率	劳动生产率比值
1995	0.3416	1.8320	5.3635
1996	0.4025	2.0882	5.1879
1997	0.4145	2.2689	5.4735
1998	0.4212	2.3496	5.5781
1999	0.4129	2.4988	6.0514
2000	0.4146	2.8088	6.7740
2001	0.4336	3.0500	7.0345
2002	0.4513	3.4369	7.6149
2003	0.4801	3.9202	8.1653
2004	0.6148	4.4229	7.1943
2005	0.6704	4.9307	7.3546
2006	0.7526	5.4894	7.2935
2007	0.9315	6.2336	6.6917
2008	1.1263	7.2496	6.4368
2009	1.2193	7.4781	6.1331
2010	1.4512	8.5790	5.9115
2011	1.7856	9.7770	5.4755
平均增长率	10.89%	11.03%	—

（二）从产业结构量的角度

从产业结构量的角度出发，本书主要运用各产业所占国内生产总值的比重来衡量。由于我国目前仍处于社会主义初级阶段，多年来落后的经济增长与政策引导使得我国产业结构长期以来存在不合理的现象，突出表现为农业部门基础薄弱、工业部门尤其是制造业的效率偏低、服务业发展一直较为滞后，即出现了产业结构非平衡发展的所谓"二元产业结构"现象。从表 2-3 可看出，1995—2011 年间我国第一产业占国内生产总值的比重逐年下降，第二产业占国内生产总值的比重的变动较小，这间接说明了第三产业占国内生产总值的比重表现出快速上升趋势。基于本书的研究角度，为了与上述变量的分析结构统一，选用第二产业比重与第一产业比重的相对情况来衡量产业结构非平衡情况。从表中可以看出，二者比重之比呈直线上升趋势，这说明从结构上来看，第一产业相对第二产业所占的比例偏低。

表 2-3　1995—2011 年我国第一、第二产业占国内生产总值比值情况

年份	第一产业占 GDP 比重（％）	第二产业占 GDP 比重（％）	第二产业与第一产业 比重之比
1995	20	47.2	2.3600
1996	19.7	47.5	2.4112
1997	18.3	47.5	2.5956
1998	17.6	46.2	2.6250
1999	16.5	45.8	2.7758
2000	15.1	45.9	3.0397
2001	14.4	45.2	3.1389
2002	13.7	44.8	3.2701

年份	第一产业占GDP比重(%)	第二产业占GDP比重(%)	第二产业与第一产业比重之比
2003	12.8	46	3.5938
2004	13.4	46.2	3.4478
2005	12.1	47.4	3.9174
2006	11.1	47.9	4.3153
2007	10.8	47.3	4.3796
2008	10.7	47.3	4.4299
2009	10.3	46.2	4.4854
2010	10.1	46.7	4.6238
2011	10	46.6	4.6600

以上所有原始数据均来源于1996—2012年的《中国统计年鉴》，表2-4为变量名称及具体内容说明。

表2-4　VAR模型的变量说明

变量名称	内容	变量
v	价格非平衡变动	标准差系数
qua	产业结构的质	第二产业与第一产业劳动生产率之比
$quan$	产业结构的量	第二产业与第一产业占GDP之比

第二节　基于向量自回归模型的实证分析

从经济理论角度来看，集合于一个经济系统中的各种经济变量与价格非平衡变动之间的关系不仅仅是单向影响的简单关系，而是存在相互间的复杂影响关系。因此，系统中的内生变量既可以出现在方程左端也可以出现在方程右端，对该类指标体系进行一般模型拟合时很难量化变量之间的动态联系。 为了解决该类问题，以往的研究往往采用非结构性方法来建立各个变量之间相互影响关系的模型的方式。本书采用非结构性方法中较为常用的向量自回归（Vector Autoregression，VAR）法，该方法最早由 C. A. Sims 于 1980 年应用于经济学中，从而推动了经济系统动态性分析的广泛应用。 VAR 模型是基于数据的统计性质建立的模型，其是通过把系统中每一个内生变量作为系统中所有内生变量的滞后值的函数来构造的模型，是用来预测相互联系的时间序列系统及分析随机扰动对变量系统的动态冲击的，从而解释各种经济冲击对经济变量造成的影响（高铁梅，2009）。

一般向量自回归模型 VAR（p）的数学表达式为

$$y_t = \phi_1 y_{t-1} + \phi_2 y_{t-2} + \cdots + \phi_p y_{t-p} + Hx_t + \varepsilon_t; t = 1, 2, \cdots, T \tag{2-2}$$

其中，y_t 是 k 维内生变量列向量；x_t 是 d 维外生变量列向量；p 为滞后阶数；T 为样本个数。$k \times k$ 维矩阵 ϕ_1，$\cdots$，ϕ_p 和 $k \times d$ 维矩阵 H 是待估计的系数矩阵。 ε_t 是 k 维扰动列向量，它们之间可以同期相关，但是不与本身的滞后值相关且不与等式右边的变量相关。 向量自回归模型中各变量的滞后项均出现在等式右边，而且基于各变量不与自身滞后值相关的特点，用普通最小二乘法即可获得模型中待估计参数的一致且有效的估计量，使得估计过程相对简单可靠。

建立 VAR 模型时，需要对模型进行各种检验以判别是否适合运用该模型进行分析。 本书主要进行了单位根检验和格兰杰因果检验，在通过各种检验的前提条件下分析 VAR 模型。 由于 VAR 模型在实际应用中无须对变量做任何先验性约束，属于非理论性模型，在分析中往往忽略估计系数矩阵的具体结果，即一般不存在某一个变量的变动对另一个变量引起变动的具体分析，而是针对某变量的一个误差项发生变动之后对整个模型系统产生的影响进行分析，具体通过脉冲响应函数和方差分解两种方法进行分析。

一、单位根检验

在进行向量自回归分析之前，需要对各个变量进行单位根检验，检验变量是否平稳。一个非平稳过程，如果经过 $d-1$ 次差分仍然是非平稳过程，但经过 d 次差分后成为一个平稳的、可逆的移动平均自回归过程，这样的过程就是一个 d 阶单整过程。模型系统中所有变量均是平稳时间序列，是建立 VAR 模型的基本假定条件。

从上述三个变量的散点图（图 2-2）可以看出，价格非平衡变动（v）、产业结构的两个变量（qua 和 $quan$）相应的时间序列数据都不是由稳定的随机过程生成的，而是产生了各种波动情况，它们明显不具有固定的期望值。因此，需要具体地对各变量进行平稳性检验。

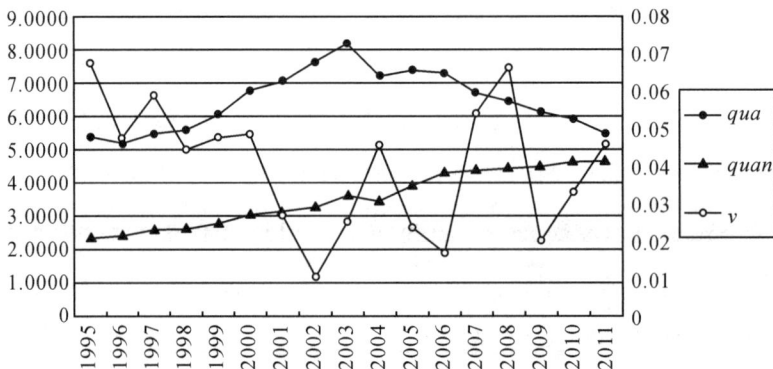

图 2-2　1995—2011 年 $v,qua,quan$ 3 个变量散点图

常用的单位根检验方法有 DF 检验、ADF 检验和 PP 检验等。 一般情况下，选择哪种方法进行检验是要依据时间序列的散点图来决定的。 从图 2-2 可以看出，各个原变量都存在某种趋势和常数项，所以本书选用包含趋势项、常数项等因素的 ADF 检验方法。 其中，加入滞后项是为了使残差项转变为白噪声序列。 具体模型如下：

$$\Delta x_t = c + \beta t + \delta x_{t-1} + \sum_{i=1}^{n} \beta_i \Delta x_{t-i} + \varepsilon_i \quad (2\text{-}3)$$

模型中的 t 是时间变量，代表了时间序列随时间变化的某种趋势；零假设是 H_0： $\delta = 0$ ，即存在一个单位根；由 SIC 准则和拟合优度确定滞后阶数，最终检验结果如表 2-5 所示。

表 2-5　$v, qua, quan$ 3 个变量的 ADF 单位根检验结果

变量	滞后项	ADF 值	5% 临界值	P 值	是否平稳
v	5	$-3.733\,068$	$-3.933\,364$	0.0657	否
qua	6	$-0.647\,317$	$-3.791\,172$	0.9563	否
$quan$	5	$-2.513\,552$	$-3.733\,200$	0.3179	否

由表 2-5 得出，三个原始变量都接受了原假设，认为变量序列存在单位根，是非平稳序列。 对于非平稳序列，采用一阶差分的方式调整再继续检验其平稳性。 利用一阶差分调整之后的散点图基本上不存在截距项和时间趋势项，因此，选择无趋势的 ADF 模型进行检验，检验结果如表 2-6 所示。

从表 2-6 可以看出，在 5% 的置信区间下三个变量的一阶差分序列均是平稳序列，即是 I（1）序列。 在各变量平稳的条件下对其建立向量自回归模型，可反映各变量间更精

确的相互影响关系。

表 2-6　$v, qua, quan$ 3 个变量一阶差分的 ADF 单位根检验结果

变量	滞后项	ADF 值	5% 临界值	P 值	是否平稳
$D(v)$	1	$-6.058\,486$	$-1.968\,430$	0	是
$D(qua)$	1	$-2.839\,786$	$-1.966\,270$	0.0078	是
$D(quan)$	1	$-4.400\,045$	$-3.759\,743$	0.0173	是

二、Granger 因果检验

建立 VAR 模型后需要对其进行因果检验，以判别其是否符合最初的经济理论意义和假定。 Granger 因果检验用来判别一个变量 y 的变化是否由另一个变量 x 引起，主要考察 y 能够在多大程度上被 x 解释，加入 x 的滞后值是否使解释程度提高。 如果解释程度提高，就说明变量 x 是变量 y 的 Granger 原因。

根据本书实际情况，基于向量自回归模型检验价格非平衡变动 v、产业结构质与量（qua 和 $quan$）三个变量之间是否存在显著的 Granger 因果关系。 在此根据上述单位根检验结果对各变量相对应的平稳序列进行因果检验，其结果如表 2-7 所示。 对于滞后阶数分别为 1、2 阶的情况，在 5% 的显著性水平下，qua 与 v 之间、qua 与 $quan$ 之间均存在各种单项或双向因果关系，仅 $quan$ 与 v 之间不存在任何方向的因果关系。 虽然 $quan$ 与 v 之间不存在任何单项线性因果关系，但是就研究问题而言，二者存在一定的经济关系，因此二者可能存在的不是线性关系，而是非线性关系，这需要通过散点图进行进一步的观察。

表 2-7　$v, qua, quan$ 3 个变量 Granger 因果检验结果

零假设	滞后阶数＝1		滞后阶数＝2	
	F 值	P 值	F 值	P 值
qua 不是 v 的格兰杰原因	1.708 97	0.2138	4.208 04	0.0472
v 不是 qua 的格兰杰原因	0.161 89	0.6940	0.596 57	0.5692
$quan$ 不是 v 的格兰杰原因	0.002 28	0.9626	0.078 64	0.9249
v 不是 $quan$ 的格兰杰原因	0.911 97	0.3570	0.665 30	0.9249
$quan$ 不是 qua 的格兰杰原因	5.898 35	0.0304	4.640 15	0.0375
qua 不是 $quan$ 的格兰杰原因	0.472 59	0.5039	1.214 60	0.3371

三、建立 VAR 模型

上文通过平稳性检验得到 $v, qua, quan$ 均为 Ⅰ（1）序列的结论，并且这一系列变量间经检验存在着各种单向或双向因果的影响关系，因此，可以把这些平稳序列作为一个系统来处理，为此需要建立 VAR 模型。

根据 VAR 模型的定义，本书选择合适模型的滞后项长度 p，首先选择尽可能大的滞后阶数为 3，得到表 2-8 所示的结果，根据结果确定最佳的滞后期为 3。

表 2-8　滞后期为 0～3 阶的模型检验结果

滞后期	LogL	LR	FPE	AIC	SC	HQ
0	9.407 837	NA	7.50e−05	−0.985 821	−0.855 448	−1.012 619
1	43.729 99	47.522 98	1.62e−06	−4.881 537	−4.360 045	−4.988 727
2	63.883 07	18.602 84	4.01e−07	−6.597 396	−5.684 785	−6.784 978
3	103.273 3	18.180 12*	1.14e−08*	−11.272 82*	−9.969 092*	−11.540 80*

注：* 表示从每一列标准中选的滞后阶数。

其次，建立各变量之间的关系模型 VAR（1）：

$$\begin{cases} dv_t = \sum_{i=1}^{3} a_{1i} dv_{t-i} + \sum_{i=1}^{3} b_{1i} dqua_{t-i} + \sum_{i=1}^{3} c_{1i} dquan_{t-i} + \varepsilon_{1,t} & (2\text{-}4) \\[2mm] dqua_t = \sum_{i=1}^{3} a_{2i} dv_{t-i} + \sum_{i=1}^{3} b_{2i} dqua_{t-i} + \sum_{i=1}^{3} c_{2i} dquan_{t-i} + \varepsilon_{2,t} & (2\text{-}5) \\[2mm] dquan_t = \sum_{i=1}^{3} a_{3i} dv_{t-i} + \sum_{i=1}^{3} b_{3i} dqua_{t-i} + \sum_{i=1}^{3} c_{3i} dquan_{t-i} + \varepsilon_{3,t} & (2\text{-}6) \end{cases}$$

针对该 VAR（1）模型的各变量的估计结果如表 2-9 所示。

表 2-9　VAR(1)各参数估计结果

	$v(-1)$	$qua(-1)$	$quan(-1)$
$v(-2)$	$-0.798\ 197$	$0.782\ 195$	$-1.985\ 445$
$v(-3)$	$-1.666\ 167$	$19.694\ 34$	$5.649\ 773$
$v(-4)$	$-0.901\ 885$	$12.151\ 90$	$3.071\ 854$
$qua(-2)$	$-0.045\ 418$	$2.073\ 211$	$0.064\ 673$
$qua(-3)$	$0.008\ 239$	$-1.617\ 065$	$-0.190\ 604$
$qua(-4)$	$-0.026\ 900$	$1.285\ 803$	$0.433\ 735$
$quan(-2)$	$0.064\ 825$	$-3.707\ 312$	$0.146\ 648$
$quan(-3)$	$-0.080\ 570$	$5.449\ 256$	$0.959\ 700$
$quan(-4)$	$0.034\ 810$	$-2.590\ 815$	$-0.435\ 183$
C	$0.527\ 330$	$-3.139\ 723$	$-0.962\ 419$

由于 VAR 模型为结构式而非简化式模型，单个系数的估计是有偏差的，单独讨论 VAR 的估计结果没有意义，在上述结果的基础上进行脉冲响应和方差分解，进一步挖掘变量间的影响关系。

四、脉冲响应函数

由方程（2-4）、方程（2-5）和方程（2-6）构成的 VAR（1）模型中，如果 $\varepsilon_{1,t}$ 发生变化，不仅当前的 dv 立即改变，而且还会通过当前的 dv 影响到 dv，$dqua$，$dquan$ 今后的取值。 脉冲响应函数（Impulse Response Function，IRF）试图描述这些影响的轨迹，显示任意一个变量的扰动如何通过模型影响其他的变量，最终又反馈到自身的过程；也就是说，IRF 用于衡量来自随机扰动项的一个标准差冲击对内生变量当前和未来取值的影响。

在 VAR 模型中，与 ε_t 同时期的元素一般可以彼此相关，也就是说新息相关，它们将包含一个不与某特定变量相联系的共同成分。 通常，将共同成分的效应归属于 VAR 模型中第一个出现的变量（依方程顺序），这里归属于方程（2-4），以便更好地反映产业结构质与量对价格非平衡程度的影响。

图 2-3 记录了 VAR 模型中三个变量对于来自相互间的一个标准差冲击的反映情况，并给出了两侧响应函数值加减两倍标准差的置信带。 通过图 2-3，本书主要分析了产业结构的质与量对价格非平衡变动的影响，得出如下结论：价格非平衡对于来自产业结构质的冲击随着时间的推移出现了一定的波动效应，但是大部分时期都为正向冲击；价格非平衡对于来自产业结构量的冲击随着时间的推移同样出现一定的波动，但在近 10 期的滞后期中均为正向冲击。 产业结构的质与量对价格非平衡的影响从脉冲响应图来看，质的影响程度大于量的影响程度，并且质的影响从长期来看有下降的趋势，而量的影响从长期来看有上升的趋势。 因此，从对脉冲响应的分析可以得出，在长期内，产业结构间质与量的不平衡发展将对价格非平衡变动产生显著的影响。

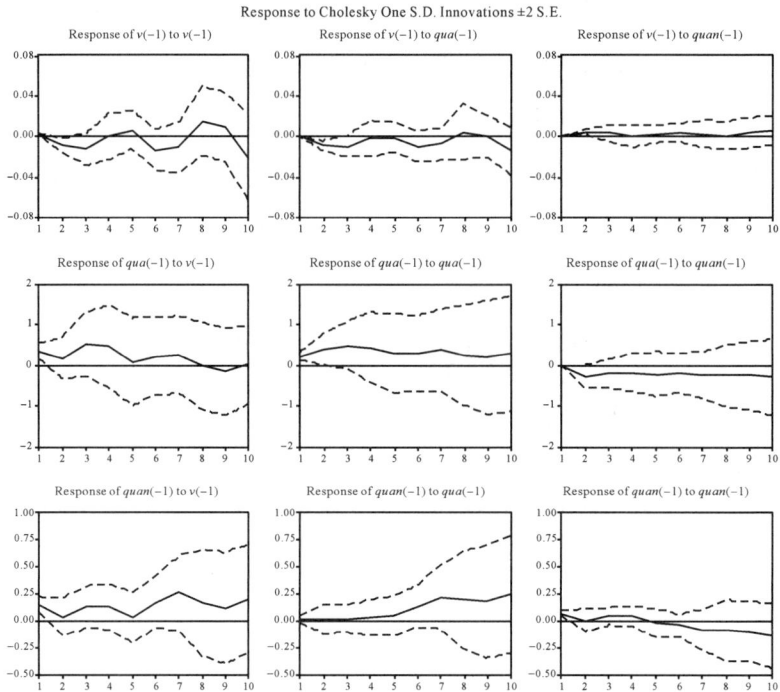

图 2-3 $v, qua, quan$ 3 个变量脉冲反映图

五、方差分解

考察 VAR 模型时，还可以采用方差分解的方法研究模型的动态特征。主要思想是把系统中每个内生变量（共 m 个）的波动（k 步预测均方误差）按其成因分解为各方程新息相关联的 m 个组成部分，从而了解各新息对模型内生变量的相对重要性。

由方差分解结果（图 2-4）可见，产业结构的质比量对价格非平衡有更高的解释能力，产业结构的质从第 2 期开始逐渐稳定在 35% 的水平，产业结构的量从第 2 期开始逐渐稳定在 8% 的水平。因此，从长期来看，产业结构的质与量对价格非平衡都有一定的影响程度；相对来讲，产业结构质的影响占更多的贡献程度。

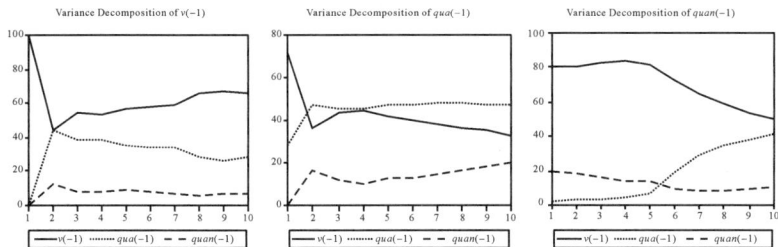

图 2-4　$v, qua, quan$ 3 个变量方差分解图

从上述实证分析的结果可以看出，产业结构对价格非平衡的影响主要表现在以下两个方面：①影响方向。产业结构的质与量两个方面对价格非平衡现象均有正向影响，并且影响逐渐趋于稳定，这说明价格非平衡现象会随着产业结构的变动在长期内维持一定的程度。②影响程度。无论是脉冲响应函数还是方差分解的结果都表现为不同产业间劳动生产率的差异对不同类商品价格形成差异的贡献程度要大于不同产业间利润增加值的差异。从长期来看，产业结构质的差异将是价格非平衡的主要影响因素。

第三节　商品价格结构性上涨形成的主要结论

由于我国正处于社会主义初级阶段，这一基本国情决定了产业结构的变动存在着质与量两个方面的非均衡变动。本节主要从产业结构的角度对价格非平衡变动的影响进行分析和测定。

一、产业结构质的影响

产业结构的质主要指产业劳动生产率，即该产业产值与就业人数的比值。 通过对不同产业劳动生产率的情况进行比较，突出的问题表现为工业与农业存在着较大的效率差异，这是产业结构发展过程中极不正常的经济现象。 通过计量经济模型的分析发现，产业结构效益对分类商品价格非平衡变动的贡献程度较高，从长期来看起到了正向影响。由于不同行业间存在着较大的效率差异，但同时各行业的劳动者都期望达到一致的收入水平，两者的矛盾就呈现出了不同产业部门商品价格的差异，导致分类商品价格上涨程度不一致的现象。

虽然我国一直致力于调整产业结构，但是从经济发展的基本规律来看，产业结构的变迁不可能在短时间内完成，而是伴随着一系列衰退产业的淘汰及又一系列新生产业的兴起而交替存在的。 因此，经济发展中都会存在不同产业部门间劳动生产率的差异，结合实证分析结果可知，价格非平衡变动的经济现象也将长时期存在。

二、产业结构量的影响

产业结构的量主要是指产业的总规模水平，即该产业的国内生产总值。 通过对不同产业的国内生产总值的比值可以看出，工业产值较农业产值存在上升趋势。 通过上述计量模型分析发现，产业结构量的区别并不是价格非平衡变动的 Granger 原因。 同时，运用脉冲响应函数和方差分解方法对长期影响因素进行预测时得知，产业结构的量并不是影响价格非平衡变动的重要因素。

以往很多文献都把价格非平衡变动的原因归结为产业结构，建议通过调整产业结构来降低价格非平衡变动的程度。

产业结构包括质与量两个方面，通过本书的研究分析可知，产业结构的量对价格非平衡变动产生的影响不大，产业结构的质的影响较大。　本章研究结果为产业结构调整提供一定的方向性依据，对未来制定降低价格非平衡变动程度的政策具有启示性作用。

第三章
我国不同收入居民通货膨胀水平的
异质性分析

居民消费价格指数是国际上衡量通货膨胀率的常用指标，消费者以此确定自己的消费行为，政府部门以此制定相应的宏观经济政策等。但是不管理论上还是实际中，主要考虑的都是通货膨胀同质性，即假定社会中所有收入群体都有着相同的通货膨胀率。近些年我国经济发展中出现的特殊现象，足以引起大家对通货膨胀同质性的怀疑。一方面，我国商品价格出现结构性变动，如食品和居住价格上涨幅度均超过居民消费价格指数；另一方面，由于经济因素和生活习惯的影响，不同收入群体呈现不同的消费结构，如低收入群体的食品消费支出比例远远高于高收入群体。基于这两方面，可能会使得低收入群体的生存环境更为恶化，而更有利于高收入群体。这种不同收入群体所面临的通货膨胀存在一定的差异现象，称为通货膨胀异质性。

本章试图从构成不同收入群体消费品的各种中间成本出发，分析其对不同收入群体通货膨胀的影响程度，为我国收入分配、通货膨胀治理、社会保障、税制改革、价格制定等方面的宏观政策提供坚实的理论与现实依据。

第一节　商品价格变动对居民通货膨胀
影响的研究方法综述

从通货膨胀异质性形成机制的实证研究来看，目前较少有文献针对商品的各种成本价格变动对不同收入群体居民消费价格指数影响的差异进行分析。因此，主要综述的对象为成本价格变动对总居民消费价格指数的影响在国内外的已有成果。本章通过对通货膨胀同质性文献的梳理，借用其中的研究方法为异质性的研究提供模型基础。

关于商品价格变动对居民消费价格指数的影响，国内外已有一定的研究基础。从研究的模型方法来看，主要集中在计量模型和投入产出价格影响模型的应用上。

运用计量模型的研究情况如下：Ding et al.（2010）运用协整理论、误差修正模型及脉冲响应函数等计量方法分析油价对中国居民消费价格指数的影响情况，得出油价和居民消费价格指数之间存在长期协整关系且短期内具有一定的调节作用。祝建梅等（2010）运用 2006 年 1 月到 2009 年 7 月的月度数据，通过对我国煤炭市场价格、居民消费价格指数和生产价格指数（Producer Price Index，PPI）进行 ADF 平稳性检验、协整检验，构建二阶误差修正模型（ECM），随后进行 Granger 因果关系检验，得出煤炭市场价格和居民消费价格指数不存在长期均衡关系，但存在单向因果关系。顾荣宝等（2011）基于协整理论和向量误差修正模型分析得到，国际油价与我国物价水平之间存在长期稳定的均衡关系，但二者之间不存在任何方向的 Granger 因果关系。杨军等（2011）基于 2003 年 1 月至 2010 年 12 月的月度数据，利用 Granger 因果检验、协整理论和基于向量自回归的误差修正模型研究发现，食品价格和非食品价格都是导致居民消费价格指数上涨的原因，其中居民消费价格指数受食品价格的影响显著。

随着计量模型的不断改进与深入，可以对经济现象的规律性进行更为精确的拟合和模拟，但是这种方法更注重数据本身的特性，而忽略了某种商品价格变化对其他商品价格及劳动成本产生的传导机制，使得最终的分析仅仅停留在经济现象表层。

其他研究主要用的方法是投入产出价格影响模型，其考虑到了各种商品价格变动产生的传导机制，主要研究情况如下：沈中元（2004）应用投入产出价格影响模型研究了 1997 年原油价格变动对中国居民消费价格指数的影响，并与 1987 年、1990 年、2000 年进行纵向对比，同时还与日本、韩国进行横向对比。 刘起运等（2006）运用投入产出价格影响模型针对北京市煤炭、石油、水价格上涨对居民消费价格指数的影响进行了实证分析。 任泽平等（2007）以中国 122 个部门的投入产出表为基础数据，采用投入产出价格影响模型测算了原油价格上涨 100％时城市居民消费价格指数上涨 3.03％，农村居民消费价格指数上涨 3.17％。 韩一杰等（2011）运用综合改进的投入产出价格影响模型，以 2007 年全国 21 个部门的非竞争型投入产出表为基础，测算出当猪肉价格上涨 20％时，1 个月和 3 个月后居民消费价格指数分别上涨 0.72％和 0.85％；猪肉价格上涨 50％时，1 个月和 3 个月后居民消费价格指数分别上涨 1.75％和 2.12％。

石敏俊等（2009）基于自行编制的中国城乡投入产出表，利用投入产出价格局部闭模型，测算出能源价格上涨引起农村居民的居民消费价格指数上涨 6.17％、城镇居民的居民消费价格指数上涨 6.8％，粮食价格上涨引起农村居民的居民消费价格指数上涨 4.43％、城镇居民的居民消费价格指数上涨 3.12％。"中国 2007 年投入产出表分析应用"课题组（2010）利用 2007 年 135 个部门的投入产出局部闭模型下的价格进行模拟，测算出国内原油价格上涨 1％将引起国内居民消费价格指数上涨 0.124％。

常用的投入产出静态开模型可以反映居民消费需求变动对各产业生产的影响，但是不能反映各产业生产变动对居民部门的影响，即忽略了居民部门的引致效应（李景华，2012），所以静态开模型虽然处理上有利于问题简化，但是不符合本书的研究。为了考虑各种中间成本的价格变动对居民部门消费的影响，可将居民部门从第二象限添加到第一象限，增加居民收入行和居民消费列，得到扩展的投入产出局部闭模型。因此上述文献中大部分研究所用的具体模型是投入产出局部闭模型，将居民部门看作普通的生产部门，这样可以更好地反映价格变动对居民部门的影响。

但是这方面的研究大都假定价格变动对不同居民部门的影响具有同质性，即使有部分学者考虑到了异质性也仅限于城乡间，而没有涉及价格变动对不同收入群体存在异质性的分析。并且通过对研究方法的梳理可以发现，现有文献主要集中在粮食、农产品和能源的价格变动对居民消费价格指数的影响研究上，缺乏系统分析和计算居民消费价格指数涉及的所有商品价格变动对它的影响研究。为了与本书研究主题不同收入群体的消费问题相结合，本书根据需要把居民部门划分为多个层次。同时，通过对投入产出模型进行扩展，很大程度上满足了 Leontief 投入产出原理的系统性原则。

　　基于此，本章研究思路如下。第一，对 2007 年投入产出表进行调整，将居民部门分为七个不同收入群体，得到分层投入产出表，从而更好地分析不同收入群体的差异情况。第二，在价格影响局部闭模型的基础上，将该模型扩展为基于分层的局部闭模型，并对相关的模型进行扩展。第三，通过价格模拟的方法分析三个问题：一是居民消费价格指数所涉及的八类商品中每一种大类商品的价格变动通过传导机制对其他大类商品价格产生的影响；二是每一种大类商品价格变动对不同收入群体居民消费价格指数的影响；三是每一种大类商品价格变动幅度提高对不同收入群体居民消费价格指数差异的敏感性。第四，根据模拟结果给出相应的政策建议。

第二节　基于居民分层的投入产出
局部闭模型介绍

　　投入产出模型能够反映国民经济各部门、再生产各环节间的内在联系。当各种经济政策出现调整时，如价格变动可以作为已知的控制变量带入模型中进行模拟，这些模拟结果可以为制定经济政策提供一定的理论依据。

一、扩展投入产出模型——分层局部闭模型

　　一般的投入产出模型将生产部门和居民部门作为两个不

同的经济活动群体来进行分析。 但实际上，居民部门在经济体系中可理解为与一般生产部门类似的经济活动部门，具体的居民部门是一个生产着劳动和消费者产品的具有双向活动的部门。 由于居民部门在经济体系中产生的特殊作用，很多研究利用投入产出模型分析发展时将居民部门的活动与生产部门的投入产出之间的联系进行了模型化处理，具体的做法是将居民部门作为普通的生产部门包含在交易矩阵中。居民部门所在的行是以货币形式表现的各个生产部门支付的劳动报酬，居民部门所在的列是居民对各种消费品和劳务的消费额（孙利荣，2011）。

　　为了与本书研究不同收入群体的视角相结合，在Leontief 模型中将城镇居民部门分为七大不同收入群体，对传统的投入产出模型进行扩展。 为了克服外生问题，居民部门被从最终需求列中转移出来，放在技术相关联的表中，即将其作为内生部门之一，并且将居民部门按照群体收入高低分为 m 个居民部门（ $m=7$ ），具体的扩展投入产出模型如下：

$$
\begin{bmatrix} (I-A) & -H_c \\ -H_r & I_m \end{bmatrix} \begin{bmatrix} X_1 \\ X_H \end{bmatrix} = \begin{bmatrix} d_1 \\ d_H \end{bmatrix} \tag{3-1}
$$

　　其中， X_1 ， A ， d_1 ， d_H 分别是 Leontief 投入产出模型的总产出列向量、直接消耗系数矩阵、最终需求列向量和居民部门其他收入列向量； X_H 为 m 维行向量； H_c 为 $n \times m$ 维矩阵， $H_c = [h_c^1, h_c^2, \cdots, h_c^m]$ ， h_c^i （ $i=1, 2, \cdots, m$ ）表示第 i 个收入群体对各个生产部门产品和劳务的直接消耗系数列向量； H_r 为 $m \times n$ 维矩阵， $H_r = [h_r^1, h_r^2, \cdots, h_r^m]$ ， h_r^i （ $i=1, 2, \cdots, m$ ）表示第 i 个收入群体在各个生产部门的

劳动报酬系数行向量。 式（3-1）对应的方程为

$$X_1 = AX_1 + H_cX_H + d_1$$
$$X_H = H_rX_1 + d_H$$

$$(3-2)$$

式（3-2）的含义为

生产部门的总投入＝生产部门的中间消耗＋不同收入的居民部门对生产部门的消费＋生产部门的最终使用（政府消费、投资、出口等）

不同收入的居民部门总收入＝不同收入的居民部门的劳动报酬＋不同收入的居民部门的其他收入（投资、政府补贴等）

二、投入产出价格影响分层局部闭模型

通过加入分层居民部门后的扩展投入产出模型，可以更系统全面地分析各种商品价格结构性变动对其他商品价格的影响，最终得到对不同收入群体居民消费价格指数的影响。当利用投入产出分层局部闭模型进行计算时，需要一定的假定条件，它们是

（1）商品（部门）价格的变动，都是由于成本中消费物质的价格而非数量变化引起的。 同时，假定生产税净额和营业盈余都不变，即不考虑生产税净额和营业盈余变化对价格带来的影响。

（2）不考虑在原材料、燃料、动力价格提高后，企业可能采取的各种降低物耗的措施，以及其他降低成本的措施。

（3）在价格形成中，不考虑折旧的变化。

（4）不考虑供求对价格的影响。

总之，本书建立投入产出分层局部闭模型时假设现行劳

动者报酬能反映各类商品生产过程中的劳动力消耗，那么在给定各类商品统一的生产税净额和营业盈余率后，利用投入产出模型就可以计算出各种商品的价格。 具体的价格计算模型为

$$\begin{bmatrix} P \\ W \end{bmatrix} = \begin{bmatrix} \boldsymbol{A} & \boldsymbol{H}_c \\ \boldsymbol{H}_r & 0 \end{bmatrix}^T \begin{bmatrix} P \\ W \end{bmatrix} + \begin{bmatrix} V_1 \\ V_2 \end{bmatrix} \qquad （3\text{-}3）$$

其中，P 代表生产部门的单位产品价格，W 代表居民部门的价格即居民部门的单位工资，V 表示除原材料价格、劳动者报酬之外的其他影响因素。

由于不考虑生产税净额和营业盈余的变化，全部价格变化都是由劳动对象的价格变动而引起的，其计算公式为

$$\begin{bmatrix} \Delta P_1 \\ \vdots \\ \Delta P_{i-1} \\ \Delta P_{i+1} \\ \vdots \\ \Delta P_n \\ \Delta W_1 \\ \vdots \\ \Delta W_m \end{bmatrix} = \left[（I - \boldsymbol{A}_{n-1}^*）^{-1} \right]^T \begin{bmatrix} a_{11} \\ \vdots \\ a_{1, i-1} \\ a_{1, i+1} \\ \vdots \\ a_{1, n} \\ \boldsymbol{h}_c^{11} \\ \vdots \\ \boldsymbol{h}_c^{1, m} \end{bmatrix} \Delta P_i \qquad （3\text{-}4）$$

上公式中，$\boldsymbol{A}^* = \begin{bmatrix} \boldsymbol{A} & \boldsymbol{H}_c \\ \boldsymbol{H}_r & 0 \end{bmatrix}$，$\boldsymbol{A}_{n-1}^*$ 为 $\boldsymbol{A}^*$ 去掉第 i 行第

i 列后，剩下的（$n-1$）阶直接消耗系数矩阵。 其中，

$$\begin{bmatrix} a_{11} \\ \vdots \\ a_{1,\,i-1} \\ a_{1,\,i+1} \\ \vdots \\ a_{1,\,n} \\ \boldsymbol{h}_c^{11} \\ \vdots \\ \boldsymbol{h}_c^{1,\,m} \end{bmatrix}$$ ΔP_i 表示第 i 种商品（部门）价格提高 ΔP_i 后，通过

直接消耗系数计算出对其他第（$n-1$）种商品（部门）价格、第 1 至第 m 个居民部门单位工资的直接影响。 将其再乘以 $\left[\left(I-A_{n-1}^*\right)^{-1}\right]^{\mathrm{T}}$ 则表示对其他部门的全部直接影响和间接影响。

第三节　我国 2007 年居民分层投入产出表的建立

本书在 2007 年全国投入产出表的基础上，经过一系列的合并修正等过程编制了包括 15 个部门的分层投入产出表，其中 8 个生产部门、7 个居民部门。 具体的步骤如下：

一、行业合并

在编制分层投入产出表的过程中，涉及了 3 种数据来源，它们所对应的行业分类均不相同，分别是投入产出表中本身的 135 个部门分类、劳动报酬数据来源的 97 个细分行

业分类及城镇居民不同收入等级消费结构的 8 个大类。 为了使得数据相通，结合本章分析的主要内容，本书按照城镇居民八大消费类型进行行业合并。 具体分两个过程来完成：

一是按照 135 个部门与 97 个细分行业进行合并。 具体思路为相同的行业分类不变，其中有 60 个部门分类相同；将剩余不同的行业按照国家统计局的行业分类标准合并，以职工工资行业分类为主，选择较为宽泛的分类，最终形成 83 个行业部门。

二是按照各行业部门生产的最终消费趋向将 83 个行业部门整理成 8 大类，分别是食品、衣着、居住、家庭设备用品及服务、医疗保健、交通通信、教育文化娱乐服务、其他商品与服务。 在合并的过程中假定各行业生产纯粹的商品。

二、细化城镇居民部门

为了分析不同收入群体通货膨胀异质性问题，本书将城镇居民部门按照收入等级分为 7 个群体，分别是最低收入、低收入、中等偏下收入、中等收入、中等偏上收入、高收入和最高收入群体。

三、数据对接

城镇居民不同收入群体的各类型商品消费数据是通过对国家统计局公布的按收入等级划分的城镇居民家庭平均每人全年消费支出比例进行分解获得的；城镇居民不同收入群体生产各类型商品的劳动报酬数据是通过对国家统计局公布的按行业分的城镇单位就业人员工资总额数据进行合并整理获得的。

(一)居民消费调整的有关内容

通过经过合并的投入产出表，可得到城镇居民对不同商品的总消费额，再将总消费额分配至不同的收入群体，即

步骤 1：计算八大类消费品中不同收入群体的消费比例。

本书利用城镇居民家庭平均每人全年消费性支出的分收入层次统计数据，得到各种商品中不同收入类型家庭的消费比例[①]。以食品大类为例，得到不同收入群体在食品总消费中所占的比重，见表 3-1。

表 3-1　2007 年我国不同收入群体的食品消费占总消费的比重

居民群体	食品
最低收入群体（10%）	5.11%
低收入群体（10%）	6.58%
中等偏下收入群体（20%）	15.79%
中等收入群体（20%）	18.98%
中等偏上收入群体（20%）	22.69%
高收入群体（10%）	13.58%
最高收入群体（10%）	17.27%

步骤 2：计算八大类消费品中不同收入群体的消费额。

根据合并的投入产出表可得到，城镇食品总消费额是

---

① 统计年鉴中不同收入群体的消费资料来自抽样调查，其缺乏调查样本的城镇家庭户数和对应不同收入群体的家庭人口数，所以这里用城镇总人口 59 379 万人（2007 年）乘以各收入群体对应的户数比例来近似得到每组群体的对应人口，将其与不同收入群体每人消费性支出相乘得到居民绝对消费额，据此得出表 3-1。

214 068 117 万元，再按照步骤 1 算出来的比例关系，得出投入产出表对应的各种居民消费额情况，具体见表 3-2。 其他 7 种消费品的计算过程类同。

表 3-2　2007 年我国不同收入群体食品消费额

（单位：万元）

居民类型	食品消费额
最低收入群体（10%）	10 938 880.778 7
低收入群体（10%）	14 085 682.098 6
中等偏下收入群体（20%）	33 801 355.674 3
中等收入群体（20%）	40 630 128.606 6
中等偏上收入群体（20%）	48 572 055.747 3
高收入群体（10%）	29 070 450.288 6
最高收入群体（10%）	36 969 563.805 9

（二）劳动报酬调整的有关内容

各收入居民部门的劳动报酬调整思路与消费类似，具体包括以下几个步骤。

步骤 1：计算各部门总的劳动报酬。

按照统计年鉴中的登记注册类型和细分行业、城镇单位就业人员数及对应的平均工资计算出 83 个行业总劳动报酬，并将 83 个行业的劳动报酬合并为 8 个大类行业，算出 8 类部门平均劳动报酬，并按照从小到大的顺序进行排列，具体如表 3-3 所示。

表 3-3 2007 年 8 类部门平均劳动报酬排序情况

行业	城镇单位就业人数（万人）	总的报酬（万元）	平均劳动报酬（元）	累积百分比（%）
食品	692.69	8 993 202.06	12 982.94	5.8
衣着	568.47	8 772 315.78	15 431.54	10.5
居住	1881.22	43 722 402.73	23 241.57	26.1
家庭设备用品及服务	1071.16	25 854 428.22	24 136.84	35.0
教育文化娱乐服务	1795.59	45 813 940.83	25 514.74	50.0
医疗保健	824.70	21 213 043.42	25 722.11	56.8
其他商品及服务	4440.97	119 090 776.02	26 816.41	93.8
交通通信	749.67	24 062 477.64	32 097.52	100.0

步骤 2：7 个收入群体的劳动报酬的分解。

在 8 类部门总劳动报酬获得的情况下，进一步地对 7 个收入群体的劳动报酬进行分解。为了与统计年鉴中城镇家庭调查不同收入层次比例相通，本书利用 SPSS 软件求出平均报酬对应的百分位数，如表 3-4 所示。

表 3-4 2007 年 8 类部门劳动报酬对应的百分位数

百分位	百分位数
10	15 431.544 0
20	23 241.574 2
40	25 514.743 0
60	26 816.000 0
80	26 816.000 0
90	26 816.000 0

本书以最低收入水平（10%）的城镇居民为例，在不考虑行业内的收入差距时（即认为这行业内的劳动者均有相同

的劳动报酬），认为他们多从事食品和衣着行业。根据表3-3可以看出，食品与衣着行业就业人数的累积百分比达到10.5%，超过最低收入水平居民数占城镇总人口数比重10%，显然，需从衣着行业中剔除部分就业人数，从而得到食品与衣着行业的劳动报酬，具体操作是食品行业居民的劳动报酬为 8 993 202.06，衣着行业居民的劳动报酬＝15431.54×（1202.45－692.69），其中1202.45是指最低收入群体的总人数，692.69是指上述总人数中在食品行业工作的居民的人数。最终获得了该类型居民在食品及衣着部门的总劳动报酬。以此类推得到其他类型居民在其他部门的总劳动报酬。

经过上述各种调整，最终得出包含 8 个生产部门和 7 个居民部门 16 × 16 的投入产出表，如表 3-5 与表 3-6 所示。

第四节　投入产出局部闭价格影响模型的模拟分析

各类商品价格提高之后，主要是通过经济体系中相互关联的成本驱动效应增加相关部门的生产成本和劳动成本，最终通过直接和间接关系逐步提高这些部门的产品价格。本书在各种商品价格上涨 1% 的情景下，模拟对其他商品价格的影响程度和对不同收入群体居民消费价格指数的影响程度，最后与 5%，10%，20% 这 3 种情景下的模拟情况进行对比，分析不同收入群体对价格变动幅度提高的敏感度。

表 3-5　我国 2007 年居民部门分层的投入产出表

（单位：万元）

	食品	衣着	居住	家庭设备用品及服务	医疗保健	交通通信	教育文化娱乐服务	其他商品及服务
食品	397 596 494	49 433 748	12 758 087	19 704 185	24 537 038	5 551 552	14 468 068	67 704 363
衣着	957 539	188 117 752	4 886 513	9 607 574	3 725 011	2 612 924	5 474 992	29 565 190
居住	14 807 055	11 093 472	186 709 841	23 088 851	39 039 789	11 711 913	13 260 938	172 592 558
家庭设备用品及服务	8 745 428	5 622 922	86 985 767	503 299 783	14 017 030	39 537 079	18 197 275	151 416 706
医疗保健	38 201 354	12 440 387	23 195 153	42 558 517	167 057 175	1 652 135	16 588 198	138 406 219
交通通信	19 673 991	9 311 117	64 167 232	29 323 658	15 018 619	28 408 956	10 919 684	119 592 843
教育文化娱乐服务	7 005 370	5 528 662	5 499 213	11 768 392	8 411 150	5 153 592	57 800 403	62 740 139
其他商品及服务	84 615 963	61 467 029	417 369 805	410 461 643	122 206 625	114 563 457	55 135 993	1 217 220 038
最低收入群体（10%）	8 993 152.71	7 866 381.83	0	0	0	0	0	0
低收入群体（20%）	0	905 985.71	26 582 313.27	25 854 417.53	0	0	15213418.90	0
中等偏下收入群体（20%）	0	0	17 140 193.04	0	0	0	0	0
中等收入群体（20%）	0	0	0	0	21 213 024.1	0	30 600 593.10	10 213 566.08
中等偏上收入群体（20%）	0	0	0	0	0	0	0	64 490 784.41
高收入群体（10%）	0	0	0	0	0	0	0	32 245 392.20
最高收入群体（10%）	0	0	0	0	0	24 062 547.82	0	12 141 129.63
其他	389 383 811	80 960 078	365 541 879	221 159 179	102 312 786	182 221 067	77 583 408	938 326 979
总投入	969 980 157.7	432 747 534.5	1 210 835 996.11	1 296 826 199.5	517 538 247.1	415 475 222.8	315 242 971	3016 655 907.3

表 3-6　我国 2007 年居民部门分层的投入产出表（续）

（单位：万元）

	城镇居民							其他	总产出
	最低收入群体(10%)	低收入群体(10%)	中等偏下收入人群体(20%)	中等收入群体(20%)	中等偏上收入人群体(20%)	高收入群体(10%)	最高收入群体(10%)		
食品	10 934 014.21	14 075 442.31	33 797 140	40 636 548	48 578 034.3	29 068 689.7	36 978 248.16	164 158 506	969 980 158
衣着	1 639 449.715	2 567 542.975	7 058 142	9 246 043.9	11 613 385.9	7 173 347.742	9 824 387.317	138 677 739	432 747 534
居住	4 001 548.392	5 161 447.157	12 255 206	14 910 620	18 689 419.2	12 256 656.11	19 537 503.48	651 719 179	1 210 835 995
家庭设备用品及服务	1 440 257.179	2 482 380.914	6 766 599	9 580 860.3	12 598 450	8 502 886.129	14 036 510.45	413 596 265	1 296 826 199
医疗保健	2 211 084.087	2 978 392.313	7 891 572	10 169 744	13 550 273.3	8 719 047.071	11 581 509.47	20 337 486	517 538 246
交通通信	1 066 574.417	1 862 771.674	4 820 018	6 743 680.1	9 641 460.72	8 375 684.249	16 344 954.23	70 203 982	415 475 224
教育文化娱乐服务	1 217 687.852	1 767 588.483	4 793 927	6 406 200.3	8 437 565.14	5 715 409.485	9 633 724.691	113 363 946	315 242 970
其他商品及服务	4 474 681.364	7 165 285.334	19 469 854	28 511 203	39 019 736.7	26 854 527.27	47 518 825.68	360 601 241	3 016 655 908
最低收入人群体(10%)	0	0	0	0	0	0	0	10 125 762.68	26 985 297.22
低收入人群体(10%)	0	0	0	0	0	0	0	10 572 552.17	38 060 851.16
中等偏下收入人群体(20%)	0	0	0	0	0	0	0	38 644 428.6	96 852 458.05
中等收入人群体(20%)	0	0	0	0	0	0	0	64 177 716.91	126 204 900.2
中等偏上收入人群体(20%)	0	0	0	0	0	0	0	97 637 540.72	162 128 325.1
高收入人群体(10%)	0	0	0	0	0	0	0	74 420 855.55	106 666 247.8
最高收入人群体(10%)	0	0	0	0	0	0	0	129 251 986	165 455 663.5
其他	0	0	0	0	0	0	0		
总投入	26 985 297.2	38 060 851.2	96 852 458	126 204 899.6	162 128 325.3	106 666 247.8	165 455 663.5		

一、各类商品价格上涨 1% 对其他商品价格的影响分析

如表 3-7 显示，在各类商品价格上涨 1% 的情景模拟下，从平均的角度来看，对其他商品的影响由高到低分别是杂项、家庭设备用品及服务、居住、食品、医疗保健、交通通信、教育文化娱乐服务、衣着，平均影响程度分别为 0.7198%，0.1592%，0.1506%，0.1478%，0.1211%，0.1177%，0.0507%，0.0347%。从上述数据可以看出，居民生活必需品的涨价引发其他商品涨价的程度较深，而代表着更好生活水平的商品的涨价对其他商品的影响并不是很大。

二、各类商品价格上涨 1% 对不同收入群体居民消费价格指数的影响分析

各类商品价格发生变动必将影响到居民部门的消费行为，由于不同收入群体表现出的消费结构不同，那么就一定会影响到不同收入群体的居民消费价格指数。在以往研究者计算居民消费价格指数时，通常认为消费结构存在一定的惯性，因此假定在短时间内消费结构固定不变。根据这个思路在此计算 π_w（居民消费价格变化幅度），计算公式为

$$\pi_w = \sum_{j=1}^{n} \Delta P_j \frac{H_j^c}{\sum\limits_{j=1}^{n} H_j^c} \qquad (3-5)$$

其中，ΔP_j 表示第 j 种产品价格的变化幅度，$\dfrac{H_j^c}{\sum\limits_{j=1}^{n} H_j^c}$ 表示居民针对第 j 种产品的消费结构。

表3-7　各类商品价格上涨1%对其他商品价格的影响

类型	食品价格上涨1%	衣着价格上涨1%	居住价格上涨1%	家庭设备用品及服务价格上涨1%	医疗保健价格上涨1%	交通通信价格上涨1%	教育文化娱乐服务价格上涨1%	其他商品及服务价格上涨1%
食品	—	0.0200%	0.1064%	0.0906%	0.1289%	0.0914%	0.0397%	0.4719%
衣着	0.2703%	—	0.1347%	0.1233%	0.1135%	0.1049%	0.0517%	0.6052%
居住	0.0985%	0.0294%	—	0.2274%	0.1213%	0.1695%	0.0484%	1.0175%
家庭设备用品及服务	0.1176%	0.0385%	0.1469%	—	0.1298%	0.1108%	0.0510%	0.8891%
医疗保健	0.1608%	0.0364%	0.2145%	0.1428%	—	0.1023%	0.0490%	0.6315%
交通通信	0.0875%	0.0285%	0.1177%	0.1928%	0.0726%	—	0.0555%	0.7917%
教育文化娱乐服务	0.1885%	0.0542%	0.1658%	0.1781%	0.1502%	0.1227%	—	0.6318%
其他商品及服务	0.1115%	0.0356%	0.1680%	0.1592%	0.1314%	0.1220%	0.0597%	—
平均	0.1478%	0.0347%	0.1506%	0.1592%	0.1211%	0.1177%	0.0507%	0.7198%

　　根据各种商品价格上涨 1％进行情景模拟之后，得到如表 3-8 所示的结果。食品价格上涨 1％，影响最大的是最低收入群体，其居民消费价格指数增长 0.4341％；衣着价格上涨 1％，影响最大的是中等收入群体，其居民消费价格指数增长 0.0922％；居住价格上涨 1％，影响最大的是最低收入群体，其居民消费价格指数增长 0.2367％；家庭设备用品及服务价格上涨 1％，影响最大的是最高收入群体，其居民消费价格指数增长 0.2087％；医疗保健价格上涨 1％，影响最大的是中等偏上收入群体，其居民消费价格指数增长 0.1813％；交通通信价格上涨 1％，影响最大的是最高收入群体，其居民消费价格指数增长 0.1899％；教育文化娱乐服务价格上涨 1％，影响最大的是最高收入群体，其居民消费价格指数增长 0.0988％；其他商品及服务价格上涨 1％，影响最大的是最高收入群体，其居民消费价格指数增长 0.7285％。

　　通过以上数据可以得出，代表着基本生活水平的如食品、衣着、居住等商品价格上涨主要影响的是收入相对较低的群体，而代表着较高生活水平的如家庭设备用品及服务、交通通信、教育文化娱乐服务、医疗保健、其他商品及服务等商品价格上涨主要影响的是收入相对较高的群体。这主要是因为收入相对较低群体的消费结构与收入较高群体存在差异，如引言中所提到的低收入群体满足基本生活需求的消费所占比例较大。

表 3-8　各种商品价格上涨 1% 对不同收入群体居民消费价格指数的影响

	食品价格上涨 1%	衣着价格上涨 1%	居住价格上涨 1%	家庭设备用品及服务价格上涨 1%	医疗保健价格上涨 1%	交通通信价格上涨 1%	教育文化娱乐服务价格上涨 1%	其他商品及服务价格上涨 1%
最低收入群体居民消费价格指数	0.4341%	0.0783%	0.2367%	0.1652%	0.1763%	0.1323%	0.0807%	0.6284%
低收入群体居民消费价格指数	0.4104%	0.0854%	0.2301%	0.1771%	0.1745%	0.1411%	0.0831%	0.6457%
中等偏下收入群体居民消费价格指数	0.3968%	0.0909%	0.2254%	0.1822%	0.1779%	0.1424%	0.0865%	0.6541%
中等收入群体居民消费价格指数	0.3775%	0.0922%	0.2216%	0.1892%	0.1782%	0.1466%	0.0886%	0.6693%
中等偏上收入群体居民消费价格指数	0.3611%	0.0916%	0.2215%	0.1929%	0.1813%	0.1526%	0.0905%	0.6810%
高收入群体居民消费价格指数	0.3401%	0.0885%	0.2233%	0.1981%	0.1800%	0.1697%	0.0929%	0.6962%
最高收入群体居民消费价格指数	0.3013%	0.0830%	0.2296%	0.2087%	0.1716%	0.1899%	0.0988%	0.7285%

三、4 种模拟情景 1％,10％,20％和 30％的比较分析

随着近些年我国出现的结构性通货膨胀现象，各种商品价格出现不同幅度的变动，同时这种变动趋势可能会随着各行业劳动生产率的不平衡而继续加剧。各种商品价格上涨不同幅度对我国不同收入群体的影响差异程度及这种差异程度是否会影响整体经济运行和价格体制等，是政府部门必须考虑的问题。基于上文 1％模拟情景下的分析，本章继续探讨商品价格上涨幅度分别是 10％，20％和 30％的情况下不同收入群体居民消费价格指数的变化情况，结果如表 3-9 至表 3-16 所示。

表 3-9 显示，当食品价格上涨 1％时，对最低收入群体居民消费价格指数的影响比对最高收入群体居民消费价格指数的影响要高出 0.1328 个百分点；当价格上涨 10％时，达到 1.6212 个百分点；当价格上涨 20％时，达到 3.2413 个百分点；当价格上涨 30％时，达到 4.8620 个百分点。

表 3-9　食品价格上涨不同幅度对各种收入群体居民消费价格指数的影响

上涨幅度	1％	10％	20％	30％
最低收入群体居民消费价格指数	0.4341％	4.8612％	9.7223％	14.5835％
低收入群体居民消费价格指数	0.4104％	4.5569％	9.1137％	13.6706％
中等偏下收入群体居民消费价格指数	0.3968％	4.3853％	8.7707％	13.1560％
中等收入群体居民消费价格指数	0.3775％	4.1475％	8.2949％	12.4424％
中等偏上收入群体居民消费价格指数	0.3611％	3.9477％	7.8954％	11.8431％

续　表

上涨幅度	1%	10%	20%	30%
高收入群体居民消费价格指数	0.3401%	3.6958%	7.3915%	11.0873%
最高收入群体居民消费价格指数	0.3013%	3.2400%	6.4810%	9.7215%
最大差异（百分点）	0.1328	1.6212	3.2413	4.8620

表 3-10 显示，当衣着价格上涨 1% 时，对中等收入群体居民消费价格指数的影响比对最低收入群体居民消费价格指数的影响要高出 0.0139 个百分点；当价格上涨 10% 时，达到 0.1362 个百分点；当价格上涨 20% 时，达到 0.2724 个百分点；当价格上涨 30% 时，达到 0.4085 个百分点。

表 3-10　衣着价格上涨不同幅度对各种收入群体居民消费价格指数的影响

上涨幅度	1%	10%	20%	30%
最低收入群体居民消费价格指数	0.0783%	0.8773%	1.7546%	2.6319%
低收入群体居民消费价格指数	0.0854%	0.9482%	1.8963%	2.8445%
中等偏下收入群体居民消费价格指数	0.0909%	1.0049%	2.0098%	3.0146%
中等收入群体居民消费价格指数	0.0922%	1.0135%	2.0270%	3.0404%
中等偏上收入群体居民消费价格指数	0.0916%	1.0013%	2.0026%	3.0039%
高收入群体居民消费价格指数	0.0885%	0.9623%	1.9246%	2.8868%
最高收入群体居民消费价格指数	0.0830%	0.8933%	1.7866%	2.6799%
最大差异（百分点）	0.0139	0.1362	0.2724	0.4085

表 3-11 显示，当居住价格上涨 1％时，对最低收入群体居民消费价格指数的影响比对中等偏上收入群体居民消费价格指数的影响要高出 0.0152 个百分点；当价格上涨 10％时，达到 0.2278 个百分点；当价格上涨 20％时，达到 0.4556 个百分点；当价格上涨 30％时，达到 0.6834 个百分点。

表 3-11　居住价格上涨不同幅度对各种收入群体居民消费价格指数的影响

上涨幅度	1％	10％	20％	30％
最低收入群体居民消费价格指数	0.2367％	2.6499％	5.2998％	7.9496％
低收入群体居民消费价格指数	0.2301％	2.5550％	5.1100％	7.6650％
中等偏下收入群体居民消费价格指数	0.2254％	2.4906％	4.9811％	7.4717％
中等收入群体居民消费价格指数	0.2216％	2.4337％	4.8674％	7.3011％
中等偏上收入群体居民消费价格指数	0.2215％	2.4221％	4.8442％	7.2662％
高收入群体居民消费价格指数	0.2233％	2.4263％	4.8525％	7.2788％
最高收入群体居民消费价格指数	0.2296％	2.4687％	4.9374％	7.4061％
最大差异（百分点）	0.0152	0.2278	0.4556	0.6834

表 3-12 显示，当家庭设备用品及服务价格上涨 1％时，对最高收入群体居民消费价格指数的影响比对最低收入群体居民消费价格指数的影响要高出 0.0435 个百分点；当价格上涨 10％时，达到 0.3934 个百分点；当价格上涨 20％时，达到 0.7868 个百分点；当价格上涨 30％时，达到 1.1802 个百分点。

表 3-12　家庭设备用品及服务价格上涨不同幅度对

各种收入群体居民消费价格指数的影响

上涨幅度	1%	10%	20%	30%
最低收入群体居民消费价格指数	0.1652%	1.8505%	3.7010%	5.5515%
低收入群体居民消费价格指数	0.1771%	1.9673%	3.9347%	5.9020%
中等偏下收入群体居民消费价格指数	0.1822%	2.0129%	4.0258%	6.0387%
中等收入群体居民消费价格指数	0.1892%	2.0780%	4.1560%	6.2341%
中等偏上收入群体居民消费价格指数	0.1929%	2.1088%	4.2177%	6.3265%
高收入群体居民消费价格指数	0.1981%	2.1526%	4.3052%	6.4579%
最高收入群体居民消费价格指数	0.2087%	2.2439%	4.4878%	6.7317%
最大差异（百分点）	0.0435	0.3934	0.7868	1.1802

　　表 3-13 显示，当医疗保健价格上涨 1% 时，对中等偏上收入群体居民消费价格指数的影响比对最高收入群体居民消费价格指数的影响要高出 0.0097 个百分点；当价格上涨 10% 时，达到 0.1362 个百分点；当价格上涨 20% 时，达到 0.2724 个百分点；当价格上涨 30% 时，达到 0.4086 个百分点。

表 3-13　医疗保健价格上涨不同幅度对各种收入群体居民消费价格指数的影响

上涨幅度	1%	10%	20%	30%
最低收入群体居民消费价格指数	0.1763%	1.9741%	3.9482%	5.9223%

续　表

上涨幅度	1%	10%	20%	30%
低收入群体居民消费价格指数	0.1745%	1.9376%	3.8752%	5.8128%
中等偏下收入群体居民消费价格指数	0.1779%	1.9661%	3.9322%	5.8983%
中等收入群体居民消费价格指数	0.1782%	1.9577%	3.9155%	5.8732%
中等偏上收入群体居民消费价格指数	0.1813%	1.9816%	3.9631%	5.9447%
高收入群体居民消费价格指数	0.1800%	1.9562%	3.9124%	5.8685%
最高收入群体居民消费价格指数	0.1716%	1.8454%	3.6907%	5.5361%
最大差异(百分点)	0.0097	0.1362	0.2724	0.4086

表 3-14 显示，当交通通信价格上涨 1% 时，对最高收入群体居民消费价格指数的影响比对最低收入群体居民消费价格指数的影响要高出 0.0576 个百分点；当价格上涨 10% 时，达到 0.5607 个百分点；当价格上涨 20% 时，达到 1.1214 个百分点；当价格上涨 30% 时达到 1.6823 个百分点。

表 3-14　交通通信价格上涨不同幅度对各种收入群体居民消费价格指数的影响

上涨幅度	1%	10%	20%	30%
最低收入群体居民消费价格指数	0.1323%	1.4813%	2.9626%	4.4438%
低收入群体居民消费价格指数	0.1411%	1.5670%	3.1341%	4.7011%
中等偏下收入群体居民消费价格指数	0.1424%	1.5743%	3.1486%	4.7228%
中等收入群体居民消费价格指数	0.1466%	1.6102%	3.2204%	4.8306%

续　表

上涨幅度	1%	10%	20%	30%
中等偏上收入群体居民消费价格指数	0.1526%	1.6681%	3.3363%	5.0044%
高收入群体居民消费价格指数	0.1697%	1.8445%	3.6889%	5.5334%
最高收入群体居民消费价格指数	0.1899%	2.0420%	4.0840%	6.1261%
最大差异(百分点)	0.0576	0.5607	1.1214	1.6823

表 3-15 显示，当教育文化娱乐服务价格上涨 1% 时，对最高收入群体居民消费价格指数的影响比对最低收入群体居民消费价格指数的影响要高出 0.0181 个百分点；当价格上涨 10% 时，达到 0.1591 个百分点；当价格上涨 20% 时，达到 0.3182 个百分点；当价格上涨 30% 时，达到 0.4773 个百分点。

表 3-15　教育文化娱乐服务价格上涨不同幅度对各种收入群体居民消费价格指数的影响

上涨幅度	1%	10%	20%	30%
最低收入群体居民消费价格指数	0.0807%	0.9036%	1.8072%	2.7107%
低收入群体居民消费价格指数	0.0831%	0.9229%	1.8458%	2.7687%
中等偏下收入群体居民消费价格指数	0.0865%	0.9556%	1.9112%	2.8668%
中等收入群体居民消费价格指数	0.0886%	0.9732%	1.9464%	2.9197%
中等偏上收入群体居民消费价格指数	0.0905%	0.9895%	1.9789%	2.9684%
高收入群体居民消费价格指数	0.0929%	1.0090%	2.0180%	3.0270%

续　表

上涨幅度	1%	10%	20%	30%
最高收入群体居民消费价格指数	0.0988%	1.0627%	2.1254%	3.1880%
最大差异(百分点)	0.0181	0.1591	0.3182	0.4773

　　表 3-16 显示，当其他商品及服务价格上涨 1% 时，对最高收入群体居民消费价格指数的影响比对最低收入群体居民消费价格指数的影响要高出 0.1001 个百分点；当价格上涨 10% 时，达到 0.7971 个百分点；当价格上涨 20% 时，达到 1.5942 个百分点；当价格上涨 30% 时，达到 2.3913 个百分点。

表 3-16　其他商品及服务价格上涨不同幅度对各种收入群体

居民消费价格指数的影响

上涨幅度	1%	10%	20%	30%
最低收入群体居民消费价格指数	0.6284%	7.0367%	14.0734%	21.1101%
低收入群体居民消费价格指数	0.6457%	7.1708%	14.3416%	21.5123%
中等偏下收入群体居民消费价格指数	0.6541%	7.2280%	14.4559%	21.6839%
中等收入群体居民消费价格指数	0.6693%	7.3517%	14.7034%	22.0550%
中等偏上收入群体居民消费价格指数	0.6810%	7.4454%	14.8908%	22.3362%
高收入群体居民消费价格指数	0.6962%	7.5650%	15.1299%	22.6949%
最高收入群体居民消费价格指数	0.7285%	7.8338%	15.6676%	23.5014%
最大差异(百分点)	0.1001	0.7971	1.5942	2.3913

从上文可以看出,食品价格上涨幅度逐渐变大,对不同收入群体居民消费价格指数的影响程度也将逐步扩大。 而除食品之外,其他商品价格上涨幅度增长的模拟结果显示,它们对不同收入群体居民消费价格指数的影响差异相对较小。 这与陈彦斌(2010)的结论基本相同。 他指出,在以粮食等生活必需品价格上升为主要特征的结构性通货膨胀下,相同的居民消费价格指数增长速度将给生活必需品消费占比很高的低收入群体带来更为严重的福利损失。 可见,食品作为居民日常生活的必需品,其价格调整幅度必须在合理范围之内,否则对低收入群体将是非常严重的打击。 近些年来,我国食品价格上涨幅度均在10%~15%之间,按模拟结果,这样并不会导致物价水平的大幅变动,但是如果食品价格继续上涨,将会逐步扩大不同收入群体居民消费价格指数的差异,导致各收入群体更为严重的购买力差异、贫富差异等。

第五节 不同收入居民通货膨胀水平异质性分析的主要结论

首先,本书在2007年投入产出表的基础上将城镇居民部门分为7个不同的收入群体,根据各种数据调整得到分层投入产出表;其次,利用投入产出价格将局部闭模型扩展为基于分层的局部闭模型,对居民消费的八大类型商品价格上涨的情况进行情景模拟,以分析对其他商品价格变动的影响及最终对不同收入群体居民消费价格指数的影响。 最后,根据最终模拟结果得到以下主要结论：

第一，不同商品价格变动对整体居民消费价格指数的影响不同。综上所述，居民生活必需品涨价引发其他商品涨价的程度较大，而代表着更好生活层次的商品价格的涨价对其他商品的影响作用较小。从这个角度讲，政府在治理结构性通货膨胀时要有针对性，应对整体居民消费价格指数影响较为敏感的商品的价格实行差别化调整。总的来讲，治理结构性通货膨胀需要针对异质性、结构性、局部性，采取针对性精确、差别化明确的"结构性流动性紧缩＋结构性供给扩张"的思路。

第二，不同商品价格的变动对不同收入居民的影响不同。代表着基本生活水平的如食品、衣着、居住等商品价格上涨主要影响的是收入相对较低的群体，而代表着较高生活水平的如家庭设备用品及服务、交通通信、教育文化娱乐服务、医疗保健、其他商品及服务等商品价格上涨主要影响的是收入相对较高的群体。本书同时发现，在食品价格上涨幅度从1％到30％的情况下，对不同收入群体居民消费价格指数的影响差异的扩大速度较快。从这个模拟结果可以看出，不同收入群体面临的通货膨胀会随着某些商品价格的变动而出现较大差异，即通货膨胀异质性。因此相关部门在衡量及控制收入分配差距时应以通货膨胀异质性下实际收入为基本出发点。从社会保障的角度考虑，政府需要将通货膨胀异质性作为一项重要指标列入工资收入，保证低收入群体的实际工资不出现负增长的情况。

第四章
我国通货膨胀异质性产生的影响分析

通货膨胀异质性是指基于商品价格非平衡上涨及居民部门消费结构存在差异所形成的不同收入群体承受的通货膨胀存在差异性。 基于第二章与第三章关于通货膨胀异质性产生原因的探索，可以得出我国通货膨胀异质性普遍存在的客观现实。 事实上，与通货膨胀相关的任何经济问题都会受到异质性因素的影响，如测度收入分配不平等，确定最低工资标准、贫困线和税收起征点等问题，如果忽略通货膨胀异质性便会产生更大的偏差，使得基于类似结论推出的相关政策建议失去正确方向。 本章在分析通货膨胀异质性对一系列经济问题产生影响的基础上，提出在通货膨胀产生的经济形势下同样要控制通货膨胀异质性差异程度，"差别化"地缓解不同收入居民承受的通货膨胀的影响才能从本质上提高居民福利水平。 同时，对缓解不同收入居民通货膨胀压力的宏观政策也提出一种导向，其中兼顾其产生的社会公平性。

基于此，本章的结构安排如下：首先，重点分析异质性对我国居民收入分配的影响；其次，分析异质性对通货膨胀预期异质性的影响；最后，分析异质性对福利成本相异性的影响。

第一节　通货膨胀异质性对我国居民收入分配的影响

一、我国居民收入分配基本情况

收入分配在中国经济社会发展过程中一直扮演着非常重要的角色。 表 4-1 显示了近些年我国收入分配差距的基本情况，从中可以看出，各种指标逐渐上升，这对经济社会发展会造成一定程度的阻碍。

在以往研究关于收入方面的问题如不平等、贫困线、税收起征点等的文献中，很少有考虑到通货膨胀异质性的问题，这使得实际收入出现偏差，最终使得这些指标失真。如近年来由于我国出现的结构性通货膨胀现象和不同收入群体消费结构呈现差异性两方面的影响，形成了通货膨胀异质性这一经济现象，即通货膨胀对不同收入群体的影响存在差异。 这种现象将会影响到不同收入群体的购买力水平，有可能使得低收入群体的生存环境更为困难，而更利于高收入群体，使得贫富差距更为严重。 因此，在研究贫富差距问题时，考虑通货膨胀异质性一定具有必要的理论和实际意义。 除此之外，贫困线的确定、税收起征点的确定都与通货膨胀异质性存在一定的关系，如果忽略它，结果必将出现较大偏差，使得各种分析失去意义。

表 4-1 2001—2011 年我国城镇居民收入分配差异程度

年份	标准差系数	十分位比率	库兹涅茨比率	基尼系数
2001	0.4576	5.0173	0.2907	0.2451
2002	0.4816	5.3927	0.3089	0.2557
2003	0.6025	8.4308	0.4022	0.3150
2004	0.6360	8.8657	0.4157	0.3233
2005	0.6554	9.1784	0.4222	0.3292
2006	0.6470	8.9576	0.4202	0.3260
2007	0.6336	8.7373	0.4108	0.3229
2008	0.6565	9.1749	0.4148	0.3289
2009	0.6471	8.9138	0.4092	0.3248
2010	0.6351	8.6467	0.4009	0.3192
2011	0.6363	8.5575	0.3983	0.3189

注:表中所有指标的数据资料为各年全国统计年鉴中关于城镇居民抽样调查的结果。

本节试图通过实际调查数据测度通货膨胀异质性对收入分配差距的影响程度。 在明确通货膨胀异质性对社会经济的影响后，从这个角度寻求治理通货膨胀的宏观政策可具有更实际的针对性。

二、测量通货膨胀异质性对收入分配的影响的数据来源

(一)基本情况

本节采用的数据是中国社会科学院经济研究所与国家统计局共同调查收集的 2002 年[①]中国家庭收入调查（Chinese

---

① 需要说明的是,本书选用 2002 年的数据较为陈旧。但是本书需要分析到微观家庭针对八大类消费商品的消费结构,CHIPS 数据在这个问题上调查得最为详细,再考虑到本书更多的重点是放在问题的表述上,因而忽略时间的差异性。

Household Income Project Survey，CHIPS）数据中的城镇居民相关信息，具体包括涵盖了北京、山西、辽宁、江苏、安徽、河南、湖北、广东、云南、甘肃、四川和重庆这些省市的 6835 个家庭的相关信息。

（二）调查内容

该项调查具体包括个人层次上的变量和家庭层次上的变量。本章主要采用该项调查中涉及家庭层次上的变量，主要包括家庭收入、家庭消费、家庭成员数、家庭成员人力资本、实物资产等方面的数据资料。

三、测量通货膨胀异质性对收入分配影响的变量选择

（一）变量描述

已有的文献中涉及的影响居民收入的重要变量一般都包括家庭特征、物质资本、人力资本等[①]。本书在此基础上，再根据各种文献研究的特殊性，添加相关的其他重要变量。本章的目标是重点讨论不同收入群体的通货膨胀率对收入分配的影响，因此需要添加通货膨胀率作为重要的自变量。具体地，不同收入群体的通货膨胀率的计算参考居民消费价格指数的计算公式，即以消费结构为权重对各消费商品价格指数进行加权算术平均。表 4-2 列出了本书建模所需的因变量与各种自变量的具体内容及解释。

---

① 赵剑治、陆铭：《关系对农村收入差距的贡献及其地区差异——一项基于回归的分解分析》，《经济学（季刊）》2010 年第 1 期，第 363—390 页。

表 4-2　模型中因变量和自变量的具体解释

变量总体分类	变量内容	变量名	变量具体含义
自变量	通货膨胀	通货膨胀率（PCPI）	各个家庭面临的消费价格指数
	家庭特征	家庭人口数	家庭的总人口数，用来代表家庭的规模经济
	人力资本	平均年龄	家庭劳动力平均年龄
		平均受教育年限	家庭劳动力平均受教育年限
	实物资本	人均实物资本	家庭人均实物资本，实物资本包括耐久品、自有生产性固定资产、自有住房和其他的估计市场现值
	金融资产	人均金融资产	家庭人均金融资产
因变量	收入水平	家庭人均收入	家庭人均收入的对数

（二）样本变量基本描述

本书对 6835 个家庭数据对应模型中的变量进行了统计描述，并且将样本进行五等分，分别是最低收入群体、低收入群体、中等收入群体、高收入群体和最高收入群体，再对五类型收入水平不同的家庭分别进行描述。对样本进行分组（如表 4-3），是为后续实证分析过程中区分不同收入群体受通货膨胀水平的影响有何差异提供铺垫。在数据基本描述的过程中，我们可以看出不同收入群体之间存在着显著的差异性。

（1）家庭人均收入的对数显然随着家庭百分位的提高而增加；另外，总样本的收入标准差系数大于其他任何收入群体，最低收入群体和最高收入群体均大于中间收入群体，这说明总样本的收入差异程度大于其他分组类型，最低收入

表 4-3　因变量和自变量样本资料的统计描述

变量的统计描述

变量	整体 N=6835		最低收入人群体(20%) N1=1367		低收入人群体(20%) N2=1367		中等收入人群体(20%) N3=1367		高收入人群体(20%) N4=1367		最高收入人群体(20%) N5=1367	
	均值	标准差系数	均值	标准差系数	均值	标准差系数	均值	标准差系数	均值	标准差系数	均值	标准差系数
人均收入对数	9.94	0.06	9.14	0.03	9.65	0.01	9.95	0.01	10.23	0.01	10.73	0.03
家庭人口数	3.02	0.26	2.87	0.26	2.95	0.26	2.98	0.25	3.06	0.24	3.23	0.27
通货膨胀率	0.99	0	0.99	0	0.99	0	0.99	0	0.99	0	0.99	0
平均受教育年限	9.65	0.26	8.29	0.29	9.07	0.26	9.75	0.24	10.21	0.23	10.93	0.22
平均年龄	39.41	0.30	39.17	0.34	39.23	0.31	39.39	0.31	39.04	0.30	40.21	0.25
人均金融资产	2.03	10.27	2.21	9.32	2.63	9.55	1.04	12.80	1.97	9.90	2.32	10.32
人均实物资本	30 074.07	1.11	18 007.75	0.93	23 899.12	1.35	27 487.96	0.84	31 919.69	1.02	52 017.73	0.89

注:本表根据中国社会科学院经济研究所与国家统计局共同调查收集的 2002 年中国家庭收入调查中城镇居民的相关数据整理而成。原数据的下载网址为 http://www.icpsr.umich.edu/icpsrweb/ICPSR/studies/21741。

和最高收入群体内部收入差异程度大于其他中间收入群体。

（2）对于样本家庭承担的通货膨胀率变量，全部样本与分组样本表现出的差异性并不明显，内部差异程度也不高，这说明样本期间即 2002 年不同收入群体间的通货膨胀率不存在显著差异。这里需要重点解释的是，2002 年我国八大类型的消费品价格上涨并没有出现类似近些年的结构型上涨现象，因此通过加权算术平均的方式计算出的通货膨胀率显然不会有很大差异。本书也通过 2002 年样本调查的消费结构与 2012 年消费类型价格指数进行计算，发现不同收入群体间通货膨胀率是有显著差异的。

（3）关于其他解释变量，家庭特征变量表中显示出收入随着家庭人口数的增加而增加，这说明家庭收入水平与家庭人口规模有一定的相关关系；对于人力资本变量，本书发现，不论是年龄还是平均受教育年限都与收入水平呈一致方向；对于金融资产，发现其与收入水平不存在一致的变动规律，这也可能是在调查过程中对金融资产的定义不统一所导致的结果；对于实物资本，发现其与收入水平存在一致的变动规律，这些都与我们的直观看法相符合。

四、基于收入方程模拟及分解实证分析

(一)方法介绍

从收入不平等的分解方法来看，洪兴建（2008）提出指标分解法和基于回归模型的分解方法，其中指标分解法中一方面是对总体按子群分解，如不同种族、不同年龄或者不同地区等子群；另一方面是按照收入来源分解，如工资性收

入、财产性收入和转移性收入等。

　　而近些年来，比较常用的方法是后者，即基于回归模型的收入决定方程对收入不平等的分解。该方法最早由Oaxaca（1973）提出，该方法的基本原理是一个因素对收入差距的贡献主要取决于两个方面：一是该因素与收入差距的相关系数。在给定的分布形式下，该相关系数越大，说明该因素的贡献越大。二是该因素自身的分布状况。在给定的相关系数下，该因素的分布越不均衡，说明该因素的贡献越大。

　　基于这种思想衍生出分解收入不平等问题的各种方法，如菲尔茨（1998）提出以个人收入为研究对象的回归模型分解方法；Wang（2004）提出了考虑常数项和误差项的一种分解方法；Shorrocks（1999）提出基于回归分析的收入不平等Shapley分解方法等。

　　本节所使用的是菲尔茨（1998）提出的分解方法，基本步骤为

　　第一，建立收入方程。设收入方程为半对数形式：

$$\ln Y_{it} = \sum_j \alpha_{ij} Z_{ijt} \quad （Z中包括误差项）。$$

　　第二，计算各种因素对总收入不平等的贡献。

$$s_j(\ln Y) = \frac{\text{cov}(\alpha_j Z_j, \ln Y)}{\sigma^2(\ln Y)} \quad （表示第 j 种影响因素$$

对总收入不平等的贡献），

$$p_j(\ln Y) = \frac{s_j(\ln Y)}{R^2(\ln Y)} \quad （表示第 j 种影响因素对不平等$$

可解释部分的贡献）。

(二)基于收入决定方程的模拟及分解

本书首先对收入决定方程进行估计。

$$\ln Y_i = a_0 + \beta_1 PCPI_i + \beta_2 HS_i + \beta_3 EDU_i + \beta_4 AGE_i + \beta_5 FA_i + \beta_6 PA_i + \varepsilon_i$$

上式中：下标 i 表示家庭；$\ln Y$ 表示家庭人均收入对数；$PCPI$ 表示通货膨胀率；HS 表示家庭人口数；EDU 表示平均受教育年限；AGE 表示平均年龄；FA 表示人均金融资产；PA 表示人均实物资本。

这里需要说明的是，估计收入决定方程时须要求因变量服从正态分布，本章针对家庭人均收入与家庭人均收入对数两个变量得到带正态曲线的次数分布图如图 4-1 所示。通过图 4-1 我们发现，家庭人均收入对数更趋近于正态分布，因此本书选择家庭人均收入对数模型进行估计。本书通过对以往文献的分析，发现其中大部分也使用对数模型进行估计。

对全部 6835 个家庭的样本进行回归模拟，结果如表 4-4 所示，其中包括模型 1 和模型 2。具体来说，模型 1 表示不包含家庭居民消费价格指数变量，用来作为基准模型；模型 2 表示包含家庭居民消费价格指数变量，用来作为对比模型。

表 4-4　考虑通货膨胀异质性与不考虑通货膨胀异质性的半对数收入决定方程模拟结果

自变量	模型 1		模型 2	
	回归系数	P 值	回归系数	P 值
（常量）	8.064***	0	36.013***	0
家庭人口数	−0.117***	0	−0.113***	0

续　表

自变量	模型 1		模型 2	
	回归系数	P 值	回归系数	P 值
通货膨胀率	—	—	−28.172***	0
平均受教育年限	0.076***	0	0.074***	0
平均年龄	0.006***	0	0.006***	0
人均金融资产	0	0.600	0	0.571
人均实物资本	5.553×10^{-6}***	0	5.418×10^{-6}***	0
调整的 R^2	0.342		0.357	
F	286.745	0	256.052	0

注:模型 1 为不考虑通货膨胀异质性的情况,模型 2 为考虑通货膨胀异质性的情况。以下同。

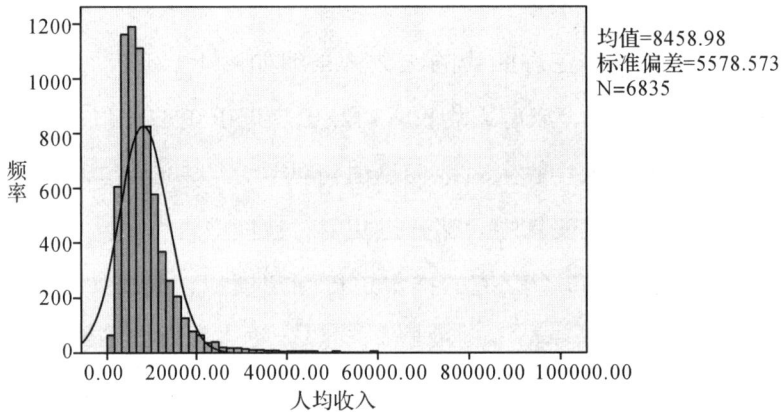

均值=8458.98
标准偏差=5578.573
N=6835

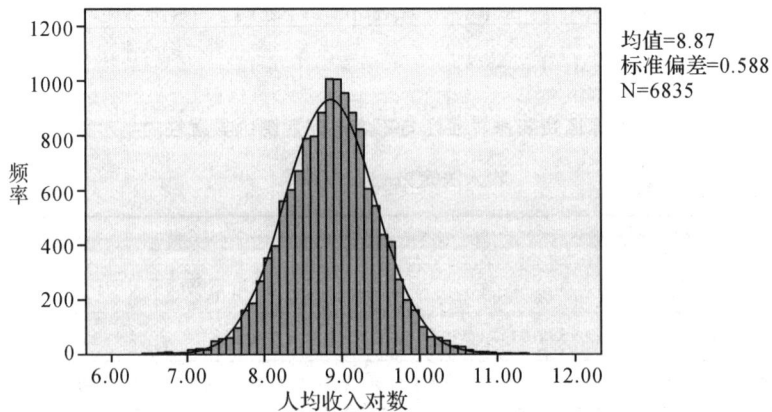

均值=8.87
标准偏差=0.588
N=6835

图 4-1　样本资料的家庭人均收入与人均收入对数分布状态对比图

通过对比可以看出，模型 1 和模型 2 的回归结果基本上一致，两个模型均在 1％的显著性水平下具有统计显著性，除通货膨胀率变量之外，其他自变量在任何模型中的显著情况都是一致的，家庭人口数、平均受教育年限、平均年龄、人均实物资本 4 个自变量均在 1％的显著性水平下具有统计显著性，人均金融资产均不具有统计显著性。

就本节重点分析的通货膨胀率变量来讲，模型 2 中该变量为负值，并且在 1％的显著性水平下具有统计显著性，同时模型 2 调整的拟合优度较模型 1 提高了 0.015。这说明通货膨胀率在收入决定方程中具有显著负向影响，即通货膨胀率越高，家庭所获得的收入会显著减少。从这个结果可以看出，通货膨胀率的异质性对收入分配有显著性的影响，已有文献中忽略异质性事实上对收入分配的研究存在非常严重的欠缺。

关于其他自变量，衡量家庭规模的"家庭人口数"变量在两个模型中都显著为负值。这与赵剑治等（2009）的结论基本一致，该文中解释的主要原因是家庭大小与人口负担率已经出现了趋同的现象。本书也类似地认为，系数为负说明收入没有呈现出人口规模效应。具体来看，家庭人口数与收入之间的关系应该归结于家庭人口总数中就业人数所占比重大小，如果就业人数相对较少，家庭人口总数与人均收入之间呈现负相关。关于人力资本的两个变量，平均受教育年限和平均年龄在两个模型中都显著为正，说明人力资本的储备的增加可以提高收入水平。关于实物资本变量，人均实物资本对家庭人均收入的影响也显著为正。关于金融资产变量，人均金融资产对家庭人均收入的影响不具有统计显著性，从原始数据来看，这可能与被调查者对金融资产的理解存在偏差有一定的关系。

本书选择菲尔茨（1998）提出的分解方法对各自变量对收入差距的贡献程度进行测定，测算结果如表 4-5 所示。

表 4-5　考虑通货膨胀异质性与不考虑通货膨胀异质性的各变量贡献度情况

自变量	模型 1	模型 2
	贡献度（%）	贡献度（%）
家庭人口数	4.54	4.38
通货膨胀率	—	1.80
平均受教育年限	13.63	13.30
平均年龄	2.72	2.71
人均金融资产	0.01	0.01
人均实物资本	13.47	13.19
其他	65.63	64.61
总计	100	100

首先分析本书所重点研究的通货膨胀率变量，加入该变量的模型 2 中显示的贡献度为 1.80%，在所有显著性自变量中贡献程度相对低很多。正如前面基于回归模型的收入决定方程对收入不平等的分解原理所说，分解贡献率主要决定于两个因素：一是该自变量在收入决定方程中的回归系数值大小；二是该自变量本身的波动程度。在自变量分布状态确定的情况下，该变量回归系数值越大，说明其对收入差距的贡献就越大，反之亦然；在回归系数一定的情况下，该变量波动程度越大，说明其对收入差距的贡献就越大，反之亦然。实际上，通货膨胀率在收入决定方程中的回归系数绝对值达到了 28.172，较其他变量的回归系数值高很多，但是

从表4-3的变量的统计描述中可以发现，因为该样本数据来源于 2002 年的调查，这一年商品价格没有出现非平衡变动，所以该变量的标准差系数很小。这个原因很好地解释了在本书的模型中该变量贡献程度低的结论。

根据上段的分析可以得出通货膨胀率对收入差距的贡献程度偏低的结论。但是，这里需要重点说明的是，由于选用的是 2002 年的样本资料，并不能否定居民通货膨胀率对收入差距的影响。我们可以很明显地发现，如果选用价格非平衡变动的近些年数据资料，通货膨胀率的标准差会有显著提升，那么在回归系数一定的情况下贡献度将会有很大的提高。最终可以肯定的是，通货膨胀率对收入差距存在一定程度的影响。

除通货膨胀率的影响之外，其他变量在模型 1 和模型 2 中体现的贡献度差别不大。综上所述，各变量按贡献度由大到小分别为平均受教育年限、人均实物资本、家庭人口数、平均年龄和人均金融资产。按照模型 2 的测算结果，平均受教育年限作为人力资本中重要的衡量变量对收入差距的贡献程度为 13.30％，这说明教育对我国居民的收入存在非常重要的影响；反而同样衡量人力资本的平均年龄变量的贡献程度只有 2.71％，这可能是因为，随着年龄的增长虽然会累积工作经验但同时也伴随着过时的技术水平与减弱的体质，所以对收入差距的贡献程度较低。人均实物资本变量的贡献程度达到 13.19％，说明该变量作为创造财富的直接来源对收入有显著的影响。人均金融资产变量由于在收入决定方程中的回归系数和标准差都很小，贡献度也可以忽略不计。

（三）不同收入群体通货膨胀异质性对收入差距贡献的比较

这一节试图依据收入的差异情况对样本按照家庭进行分组考察，从而通过比较得出不同收入家庭中通货膨胀异质性对收入差距的贡献有何差异。 对样本的分类，本书按照通用的五等分法，分为最低收入、低收入、中等收入、高收入、最高收入群体。

为了保证研究结果的一致性和可比性，本书仍旧选用与上述一致的基于半对数收入回归方程的分解方法。 收入决定方程的函数形式与变量选择均与上述相一致。 通过对不同收入组别进行单独回归，得到了表 4-6 所示的回归结果。

表 4-6　不同收入群体收入决定方程的回归结果

收入分类	最低收入群体（20%）	低收入群体（20%）	中等收入群体（20%）	高收入群体（20%）	最高收入群体（20%）
样本个数	N1＝1367	N2＝1367	N3＝1367	N4＝1367	N5＝1367
变量	估计系数	估计系数	估计系数	估计系数	估计系数
家庭总人数	−0.293***	−0.332***	−0.311***	−0.293***	−0.265***
通货膨胀率	−22.209***	−4.845***	0.054	−1.928	11.330**
平均受教育年限	0.019***	0.004***	0.002	0.003*	0.011**
平均年龄	0.003***	0.002***	0.003***	0.003***	0.001
人均金融资产	0	0	0*	0	0
人均实物资本	0***	0***	0*	0**	0***
拟合优度	0.458	0.861	0.881	0.851	0.505

注：* 表示在 10% 水平下显著，** 表示在 5% 水平下显著，*** 表示在 1% 水平下显著。

　　从表 4-6 中可以看出：①不同收入群体的收入决定方程的拟合优度明显高于总体的收入决定方程，尤其是中间 3 个收入群体的拟合优度达到 80％以上。 这进一步说明不同收入群体存在较大的差异，体现了分类讨论的必要性。 ②就本书重点关心的通货膨胀率来看，最低收入群体和低收入群体的两个收入决定方程中该变量在 1％的水平下显著，最高收入群体收入决定方程中该变量在 5％的水平下显著，其他两个群体中该变量不显著。 我们通过各种模型中该变量的回归系数得到非常重要的一个发现，该变量的回归系数值在最低收入群体中为－22.209，在低收入群体中为－4.845，而在最高收入群体中为 11.330。 可见随着居民收入的提高，通货膨胀异质性对收入差距的影响由负变为正且逐渐增长；低收入群体中通货膨胀率越高其收入越低，而高收入群体中通货膨胀率越高其收入越高，这进一步验证了经济学中关于通货膨胀产生的收入分配效应理论，即由于通货膨胀形成的物价上涨而造成的收入再分配。 ③除通货膨胀率变量外，其他各种变量的回归结果与总样本的回归结果类似，家庭总人数、平均年龄、平均受教育年限和人均实物资本 4 个变量具有统计显著性，人均金融资产变量不具有统计显著性。

　　基于上一部分对不同收入群体收入决定方程的拟合，接下来我们进一步将不同收入群体中收入差距进行分解，然后比较影响收入的各因素在不同收入群体间对收入差距的贡献。 分解结果见表 4-7。

　　从表 4-7 的分解结果可以看出：①低、中等、高收入群体的收入差距受各影响因素的影响程度达到 80％以上，而最低和最高收入群体的收入差距受各影响因素的影响程度仅在50%左右。 这说明收入处于两端的居民群体相对来讲影响因素较其他群体多，不容易被测定；而处于收入中间位置的居民基本上通过正常渠道获得正常收入，相对来讲影响因素容易被测定。 ②对于通货膨胀率，可以看到，不同收入群体中该变量的贡献度差距较为明显，在低收入群体中的贡献度明显高于高收入群体，这说明通货膨胀率的差异程度对低收入群体收入差距造成的影响相对较大。 因此，我们必须注意到存在的一种现象，如果用通货膨胀率衡量通货膨胀水平的话，通货膨胀异质性程度越大将使得居民收入产生更大的差距，收入不平等程度会进一步加剧。 ③家庭总人数变量对低、中等、高收入群体的贡献程度要高于最低和最高收入群体，这说明家庭总人数在中间收入的家庭中起到重要作用。

表 4-7　不同收入群体收入决定方程中各因素的贡献度

收入分类	最低收入群体（20%）	低收入群体（20%）	中等收入群体（20%）	高收入群体（20%）	最高收入群体（20%）
样本个数	N1＝1367	N2＝1367	N3＝1367	N4＝1367	N5＝1367
变量	贡献度（%）	贡献度（%）	贡献度（%）	贡献度（%）	贡献度（%）
家庭总人数	35.51	79.89	83.12	78.66	39.25
通货膨胀率	3.27	0.58	0.00	0.19	0.00
平均受教育年限	1.82	0.53	0.35	0.86	2.43
平均年龄	4.79	3.30	5.28	4.92	0.59
人均金融资产	0.01	0.04	0.10	0.02	0.00
人均实物资本	3.87	4.54	0.85	0.78	11.18
贡献度合计	49.27	88.88	89.71	85.43	53.45

五、本节主要结论

通过 2002 年实际家庭调查的数据可以看出：①从总体来看，考虑家庭通货膨胀异质性会使得收入决定方程的拟合优度略有提高，异质性变量的贡献度为 1.80%。②从不同收入群体的收入方程来看，通货膨胀率在最低收入群体、低收入群体、最高收入群体的收入决定方程中为显著变量，系数值分别是 -22.209，-4.845 和 11.330。从中可以看出，收入较低的家庭户的通货膨胀水平对收入的影响为负值，收入较高的家庭户的通货膨胀水平对收入的影响为正值。③从不同收入群体各变量的贡献度来看，在最低收入群体和低收入群体中，通货膨胀率的贡献度分别为 3.27% 和 0.58%，在其他群体中的贡献度较低可忽略不计。

从上述结果可以得出：①在样本调查期间存在收入分配差距扩大化的实际情况。对于收入较高的家庭，通货膨胀率越高其收入越高；而对于收入较低的家庭，通货膨胀率越高其收入越低。也就是说，高收入群体在通货膨胀中获得收益，而低收入群体受到损失。②低收入群体内，通货膨胀率对收入不平等的贡献度超过其他群体及总体的贡献度，这进一步说明低收入群体内通货膨胀差异对居民收入分配差距的影响是最严重的。在相类似的研究结论中，如国内的陈彦斌（2010）构建了一个包含市场不完全和个体异质性的 Bewley 模型，计算结果表明通货膨胀水平低的时候穷人受到的损失较之富人要更低；但是，从财产分布的角度来看，穷人的财产持有比例随着通货膨胀水平的上升而有所下降，而富人的财产持有比例则随着通货膨胀水平的上升而有所提高。李文溥等（2011）运用中国季度宏观经济模型（CQMM）模拟分析总量居民消费价格指数上涨对不同收入群体居民消费价格指数的影响，不同收入群体居民消费价格指数的变化对不同收入群体实际收入水平的影响，以及对不同收入群体消费支出水平的影响，最终得出通货膨胀异质性对收入和消费不平等的影响程度。国外的唐·帕尔伯格（1998）在《通货膨胀的历史与分析》一书中就曾指出：由于所处经济地位不同，不同社会群体在定价与议价能力方面的不同，他们受通货膨胀的影响存在差异。

综上所述，通货膨胀异质性对居民收入分配差距有一定的影响，尤其是对低收入群体的影响更为严重。因此，在处理提高居民收入从而缓解居民通货膨胀压力的经济问题时，不得不考虑通货膨胀异质性这一实际现象。

第二节　通货膨胀异质性对预期异质性的影响

通货膨胀预期是指经济活动中消费者对未来不确定的通货膨胀的判断。一般来讲，就是人们对于通货膨胀率产生心理预期的一种抽象概念。通货膨胀预期对中央银行制定货币政策具有重要的参考意义和应用价值，有助于央行前瞻性地预测各项政策对经济活动中居民产生的消费和储蓄等行为的影响，以及生产者在新政策的影响下产生的投资及产品定价等行为。尤其自金融危机以来，我国政府在宏观调控中明确指出要加强对通货膨胀预期管理，这意味着通货膨胀预期管理已经成为调控经济活动的重要手段。

通货膨胀预期在经济学理论中包括适应性预期（如

Phelps，1967 和 Friedman，1968）、理性预期（如 Lucas，1970）和不完美理性预期。 适应性预期是指基于过去经验所形成的对未来通货膨胀的预测，从形式上看是以一定的权数对过去一定时间内的通货膨胀率的一个加权算术平均数，其会存在一定的误差。 理性预期是指经济行为者对未来通货膨胀的预期是理性的，因为经济行为者最大限度地利用可获得的信息消除掉预期的系统性误差。 不完美理性预期是指上述两者预期的混合，反映了经济行为者在信息不完全、分析判断能力有限的情况下综合考虑已有历史资料而形成的通货膨胀预期。

不论是哪种预期形式，从理论上可以看出，未来通货膨胀的预期值都与通货膨胀的实际历史数据有一定的关系。一些文献也证明了这样的结论：如肖争艳等（2004）基于中国人民银行"居民储蓄问卷调查系统"的定性数据研究，表明我国的通货膨胀预期不是完全的理性预期，而是用实际通货膨胀率规定了预期；张蓓（2009）的研究结果表明，我国消费者通过考虑通货膨胀的历史情况及自己过去的预期偏差来形成对未来的通货膨胀预期；刘金全等（2011）的研究显示，中国的通货膨胀预期与实际通货膨胀具有长期稳定的协整关系。

但是，不管在理论研究还是实践应用中，关于通货膨胀预期主要考虑的都是通货膨胀预期的同质性现象，即假定经济活动中所有消费者都对未来的实际通货膨胀做出同样的预测（肖争艳等，2005）。 如本书上述章节得到的结论所述，不同群体的通货膨胀实际值间存在异质性现象，即高收入群体的通货膨胀率要低于低收入群体的通货膨胀率。 因此，不同收入群体根据自身所承担的实际通货膨胀率对未来通货膨胀进行预期时也会存在异质性现象。 很多文献也得出了类似的结论，如肖争艳等（2005）的研究结果显示，不同储蓄动机群体的通货膨胀预期存在稳定的异质性。

从通货膨胀预期形成的角度来看，居民通货膨胀预期是由各种通货膨胀滞后项及宏观经济变量的线性组合而成。而在异质性预期的情况下，各经济主体不完全了解经济政策的冲击对各种群体产生的影响方向和影响大小，也不确定政策制定者的出发意图等，使得经济内各主体在信息不完全和不对称的不确定情况下不断地学习。 这里的学习是指扩大信息范围的智力活动，在未来经济环境的预测过程中不断修正与补充，这需要一段较长的时间。 在这个学习的过程中，各行为主体的通货膨胀预期不断地发生动态变动，在适应性预期的基础上，各行为主体所承受的通货膨胀间会有更强的序列相关性，通货膨胀异质性进一步扩大，从而会增加通货膨胀存在的持久性。

各经济主体的通货膨胀预期从本质上来讲可以理解为在主体范围内所形成的均衡预期。 当各经济主体间的通货膨胀异质性积累到一定程度之后，更为严重的是，不同经济主体将陷于无效的、分散的多重均衡中，整个经济体系将远离稳定的增长目标而进入异常混乱的发展轨迹。

第三节 通货膨胀异质性导致的福利成本相异性

众所周知，适度通货膨胀能够对社会经济发展起到非常重要的促进作用，但是过高的通货膨胀水平会阻碍经济的顺畅发展，居民生活水平也会受到消极影响，对整个社会及具体的居民部门都将造成非常严重的福利损失。这种由于通货膨胀水平的上升而改变个体和家庭的行为决策模式，对个人、家庭及社会造成的无谓损失，称为通货膨胀福利成本。

通货膨胀福利成本是基于个人或家庭的经济行为而进行定量估计的，但是现实中不同的个人或家庭的经济行为会由于收入水平、消费习惯等而有不同的行为模式，那么不同个人、家庭的通货膨胀福利成本就会存在较大的差异。如陈彦斌等（2005）构建了一个包含市场不完全和个体异质性的Bewley模型，并在其基础上测定了通货膨胀导致的不同收入群体的福利成本，最终得出不同群体所受到的通货膨胀的影响是完全不同的。Erosa et al.（2002）的分析表明，更多使用信用卡结算的富有家庭受到的通货膨胀损失要小于更多使用现金交易的贫困家庭。Cysne（2006）的分析表明，不同生产率和不同交易效率的家庭所产生的通货膨胀福利成本存在很大差异。Doepke et al.（2006）和Meh et al.（2010）也通过引入不同年龄、不同财富持有群体的资产持有结构进行研究，得出不同群体的福利成本存在差异的结论。

总的来讲，通货膨胀福利成本会使得居民的实际福利水平下降，而通货膨胀福利成本异质性一定程度上会更加恶化社会的财产分布状况，扩大收入分配差距，从而影响了一个社会的经济发展。

综上所述，通货膨胀异质性的存在为社会经济的发展带来了一定程度的负面影响及对居民造成了一定程度的福利损失。因此，在对与通货膨胀有关的社会经济问题进行的研究中不可忽略通货膨胀异质性存在的现实，否则得出的结论及根据结论所提出的政策建议都将存在较大程度的偏差。

第四节　总　结

第二、三章内容主要分析我国通货膨胀异质性形成的原理，并对这种现象进行验证。本章以异质性为前提条件，第一节利用中国家庭收入调查（CHIPS）数据资料，运用基于回归方程的分解方法实证分析通货膨胀异质性的存在对收入分配差距的影响，得出通货膨胀异质性对收入分配差距存在一定的贡献度，并且发现，在低收入群体内部该贡献程度要高于其他群体；第二、三节定性分析和梳理通货膨胀异质性对通货膨胀预期异质性及通货膨胀福利成本异质性的传导过程，以及最终对整个经济发展产生的实际后果。

第五章
基于异质性框架的缓解
居民通货膨胀压力的补贴政策模拟模型
——CGE 模型

近些年，通货膨胀现象一直是我国经济发展过程中存在的问题。为了治理通货膨胀，政府部门从货币政策到财政政策实施了各种管制，但是通货膨胀问题一直没有得到很好的解决，尤其是2011年以来国家维持通货膨胀率在4％以下都存在一定的困难，各级政府部门在对应的工作报告中提出的通货膨胀目标往往不能实现。

很多专家学者开始怀疑我国的治理政策是否合理，面对货币政策工具受限较多且效果欠佳的情况，谢国忠（2012）提出，货币供应量已经比之前少了4个百分点，但是仍不能根治通货膨胀；祝宝良（2012）认为，货币政策已经调整得差不多了，更多地需要用税率、财政补贴等办法遏制通货膨胀；董秀良等（2013）指出，在财政主动性的政策区制下，货币政策已经失去了控制通货膨胀的能力，这也是近些年我国治理通货膨胀效果不佳的根本所在。从国家政策来看，近些年我国也逐渐开始重视财政政策起到的重要作用。

我国关于货币政策对通货膨胀影响的研究比较多，但关于财政政策对通货膨胀影响的研究比较少。现阶段我国物价上涨问题带有明显的结构性特征，涨价主要来自食品，这一延续了较长时间的结构性特征除了需要运用货币政策收缩流动性总量外，还需要财政政策发力。

一般来讲，政府选用的财政工具通常包括增加预算、增加税收、发行国债、减少财政支出、财政补贴等紧缩性政策。这些宏观政策都将对经济发展过程中的各个环节产生直接或间接影响，这些影响都存在着千丝万缕的相互作用关系，牵一发而动全身。因此，一般的计量经济模型无法将所有的影响全部反映出来，而是需要一种可以研究经济各部门之间错综复杂关系的模型。研究经济各部门之间关系的宏观经济模型主要有投入产出模型和 CGE 模型。投入产出模型（列昂惕夫模型）假定各部门投入产出关系为固定比例，将各部门相互连锁关系反映在一个联立的线性方程组内。但是，投入产出模型局限在于只反映生产性部门之间的投入产出流量关系，无法反映出各种价格变动引起的其他变量之间的替代关系，也不包括其他很多重要的国民经济部门。要反映更多经济变量及经济部门间的各种流量关系，更多的是用 CGE 模型，它包括了投入产出模型，但是能模拟更多复杂的部门关系和更重要的经济变量。CGE 模型由于包含着经济系统中所有的活动部门，可以通过外生变量对整个经济系统的冲击反映各环节存在的影响程度。因此，以下章节选用 CGE 模型对目前我国缓解居民通货膨胀压力的各项政策进行比较研究。

基于这个目的，本书设置了包含多部门和多居民群体的 CGE 模型，来模拟研究以 2007 年为初始年的各种缓解通货膨胀压力的政策产生的作用，这个模型可以用来分析不同政策实施后产生的直接和间接的综合效果。 本章主要结构如下：第一节介绍 CGE 模型的基本定义、已有研究及与缓解居民通货膨胀压力的补贴政策的方案设计；第二节深入了解 CGE 模型的理论依据——一般均衡理论；第三节具体分析 CGE 模型的分析步骤。

第一节　CGE 模型与缓解通货膨胀压力的补贴政策模拟方案

随着社会经济的快速发展，世界各国在 20 世纪 50 年代均开始致力于制定中长期的均衡发展战略，来维护本国持续稳定的发展状态。 当时用来分析经济发展最实用的模型有线性的静态或动态投入产出模型、计量经济模型等。 投入产出模型虽然可以分析各经济部门之间的相互依赖关系，但是很难描述出各经济部门的经济行为及价格机制在经济运作过程中的作用。 传统的计量经济模型又由于对一些突然性事件的预测出现较大偏差而近乎被大家弃之。 相对于这两种经济模型，CGE 模型在政策分析的应用上显得更有优势。 随着计算机技术、经济理论和宏观经济模型等相关领域的发展，近些年 CGE 模型的发展更加快速，应用范围更加广泛。

一、CGE 模型的基本定义

CGE 模型是以一般均衡理论为依据，通过构建一组可计算的方程式来描述生产者、消费者和各市场之间的关系，而各经济决策行为者基于一系列最优化条件（如生产者利润最大化、消费者效用最大化等），在市场机制的作用下达到各市场的均衡，最后求解方程组，计算得出各个市场同时达到均衡的均衡数量与均衡价格。

一般的 CGE 模型的基本结构包括以下 5 个部分[①]：

（1）经济活动的行为者；

（2）各经济主体的行为准则；

（3）作为经济行为者做决策所依据的信号；

（4）经济系统的制度和结构特征；

（5）作为经济系统限制的均衡条件。

基于基本框架，CGE 模型的方程组主要描述生产者、消费者、政府及国外部门各行为主体在供给、需求和均衡关系中的行为。由于 CGE 模型反映了国民经济主体各部门、生产各环节之间的相互影响及内在技术经济联系，当与任何部门与任何环节有关的任何经济政策出现时，整个经济系统随之就会出现波动。从定量的角度来看，当将与经济政策有关的如价格、劳动报酬、税收、利率等变量作为可控变量引入模型中时，就能通过可控变量的变动来模拟不同程度的经济政策调整产生的结果。模拟分析是通过建立模型配合计算机软件系统来对比分析不同方案，最终选择一个优化方案的方法，利用模拟分析可以为制定经济政策提供重要的理论依据。

二、CGE 模型在政策模拟方面的已有研究

CGE 模型首次是在 Johansen（1960）发表的一篇关于

---

① 李善同：《中国可计算一般均衡模型及其应用》经济科学出版社 2010年版，第 3 页。

经济模型的著作中被提及。除少数国家外，20 世纪 70 年代以前对 CGE 模型的学术研究仅限于部分研究者，之后由于能源危机和大规模宏观经济计量模型的衰落[①]出现了突飞猛进的发展，后逐渐成为研究各种经济政策的重要工具，涉及的研究领域有税收、国际贸易、收入分配和能源环境政策等，因此积累了大量的研究成果。

在国际贸易方面，世界上最著名的也是规模最大的 CGE 模型是由美国普渡大学（Purdue University）组织开发的用于全球贸易政策分析的"全球贸易分析项目"模型，以该模型为框架并与其链接的各种子模型被广泛地应用于世界各国的贸易政策分析中，如 Kakali et al.（2012）利用 GTAP 模型分析自由贸易对拉丁美洲和加勒比地区的经济影响；Ahmed et al.（2011）运用 GTAP 和 SMART 模型分析印度与澳大利亚自由贸易协定（Free Trade Agreement，FTA）产生的经济与福利效应；Mahinda et al.（2008）同样运用 GTAP 模型分析澳大利亚与中国的自由贸易协定产生的经济影响；Chien-Ku et al.（2005）运用 GTAP 模型分析贸易自由对全球森林部门产生的影响；Akiyama et al.（2000）以日本与美国之间的汽车贸易摩擦（Automobile Trade Friction）为分析对象，运用 GTAP 模型比较分析各种商业政策工具的实施结果；Hubbard（1995）基于 GTAP 模型测定共同农业政策（Common Agricultural Policy）对欧洲和全球的影响。

---

① 李善同、段志刚、胡枫主译：《政策建模技术——CGE 模型的理论与实现》清华大学出版社 2009 年版，第 2 页。

　　从国外的研究文献中可以看出，CGE 模型在对贸易协定对社会经济产生的影响进行定量测定时起到了非常重要的作用并得到了广泛应用。

　　关于我国贸易问题，由于国内对 CGE 模型进行的研究起步较晚，直到 20 世纪 90 年代末我国贸易自由化程度越来越高并且加入世界贸易组织（WTO）之后，以李善同为核心的一批学者才致力于研究各种外贸政策对我国及其他国家产生的影响。李善同等（2000）运用动态 CGE 模型分析中国加入 WTO 对经济增长、结构调整和收入分配等方面的影响。同年，李善同等根据截至 2000 年中国已做出的承诺具体分析了 4 个主要方面的影响，分别是工业品的关税削减、工业部门非关税壁垒的逐步取消、农业贸易自由化和乌拉圭回合协议所包含的对纺织品与服装的多纤维协定配额的分阶段取消。后来，李昕（2012）利用含中国加工贸易部门的 GTAP 多国多部门 CGE 模型，对中、美或将发生的局部贸易摩擦及不同程度的全面贸易制裁进行模拟，最终得出中、美两国贸易摩擦弊大于利的结论。陆文聪等（2011）构建了具有中国劳动就业结构特征的 CGE 模型，以 2008 年下半年国际金融危机以来全球经济增长变化和中国实施经济刺激计划为背景，设计不同情景方案，模拟分析了中国出口变化对劳动就业的影响效应。

　　由于国家税收制度的变动直接影响到企业、居民、政府等经济系统中主要部门的经济行为，CGE 模型在该方面的应用也非常重要。

　　Amir et al.（2013）运用 CGE 模型分析印度尼西亚的收入所得税改革对主要的宏观经济变量及贫困和收入分配的影

响。 Jakub et al.（2012）研究个人所得税制对波兰的长期经济影响。 Shantayanan et al.（2011）基于南非 CGE 模型分析研究在一个扭曲的经济系统中增加碳税是否会减少碳排放量。 Mardones et al.（2010）运用动态一般均衡模型针对最富裕的 20％的人群增加 20％和 40％的税收进行对比分析。 Ferran（2010）通过 CGE 模型验证了能源税制政策产生的双重红利效应。 Chun-Yuan et al.（2006）模拟分析了台湾地区烟草税征收产生的经济增长和健康福利等问题的影响。 Wittwer et al.（2002）分析了 2000 年 7 月 1 日在澳大利亚实施的消费税（GST）和相关的酒税改革对葡萄产业和酒业产生的影响。

国外对税制的研究较为具体，国内的研究近些年也逐渐成熟。 王金霞等（2013）分析如果针对我国服务业资本和劳动力两个要素进行税收优惠，将对经济发展、产业结构和资源配置效率等问题产生的影响程度。 陈烨等（2010）在考虑了中国特殊国情、要素市场和宏观经济形势的情况下，设置了一个凯恩斯和剩余劳动力状况下的宏观闭合 CGE 模型，基于此模拟分析增值税转型对宏观经济与就业的政策效应。 欧阳华生等（2010）基于我国现行主体税种都不同程度地对市场资源配置产生消极影响的国情下，运用 CGE 模型模拟减税政策产生的福利收益。 沈可挺等（2010）在分析中国工业品出口的隐含碳排放量的基础上，采用动态 CGE 模型测算碳关税对中国工业生产、出口和就业的可能影响。 饶呈祥等（2008）运用 CGE 模型分析交通非税收入对社会整体福利水平存在的影响及我国税收体制产生的变动。 程凌（2007）通过建立含税 CGE 模型分析我国在内外资企业所得税一致的情况下带来的税收总量、福利水平及经济影响等问题。

在能源环境政策方面，李刚等（2012）构建了一个纳入环境管制成本的 CGE 模型，对提升不同的环境管制程度引起中国经济的变动情况进行模拟。孙林（2012）通过在标准 CGE 模型的框架内嵌入消费者乘用车保有、新车车型选择和交通工具选择行为得到的动态混合 CGE 模型，对乘用车相关节能减排的技术和税费政策进行模拟。查冬兰等（2010）通过构建能源效率影响下的 CGE 模型，模拟不同能源种类能源效率的提高对能源消费的影响。魏巍贤（2009）构建了中国能源 CGE 模型，在模型中引入环境反馈机制，详细划分能源部门，并利用该模型模拟分析减少重工业出口退税、征收化石能源从价资源税及经济结构变动的节能减排的效果和宏观经济影响。吴静等（2005）通过 CGE 模型对能源部门价格上调进行模拟，分析石油价格上涨对国内生产总值、各类商品价格等变量的影响程度。贺菊煌等（2002）建立了用于研究中国环境问题的 CGE 模型，并用静态 CGE 模型分析了征收碳税对国民经济各方面的影响。

在财政投入方面，良序莹等（2012）通过构建 CGE 模型对我国政府加大高速铁路和公路投资的经济效应进行模拟分析，得出铁路建设投资的乘数效应要大于公路建设。孙翊等（2010）构建了针对 8 个区域 8 个部门的社会核算矩阵模型，该模型考虑到人口分组与流动、资本流动和区域均衡机制等，并通过区域变量调控和测度区域差距，最后针对 3 种中国区域支付政策方案进行模拟。高颖等（2006）构造了含有详细居民分组的中国 CGE 模型，从长期和短期的两种时间框架下测定中国基础设施的建设投资的减贫效应，最终得出基建投资促使降低转移成本、增加农村转移劳动力在城市就业的关键途径。

在货币政策方面，刘斌（2011）借助 CGE 模型结合央行经济模型特点，进行总量和结构模拟，从而全面剖析各种货币政策对经济的影响过程。汤铃等（2011）基于人民币升值的现状，建立了包含 18 个生产部门和 4 个国外账户的 CGE 模型，模拟分析人民币不同幅度的升值对我国对外贸易、产业发展及社会福利等方面的影响。李猛（2011）首次构建了实物、环境与金融层面相统合的中国动态多部门 CGE 体系，模拟分析后危机时期通货膨胀在货币层面和汇率政策方面对中间产品、相关产品价格和产量、宏观经济指标、金融指标及居民收入等方面的影响。

通过上述总结可以看出，CGE 模型在不同的领域都有非常重要的应用，各种相关研究对各国经济发展过程中迫切需要解决的实际政策问题给予回答，这显示了 CGE 模型具有很好的理论性与实践性。

三、运用 CGE 模型模拟分析缓解居民通货膨胀压力的补贴政策的方案设计

综观近些年缓解居民通货膨胀压力的政策，基本上涉及两种观点，一种是"不考虑异质性"的总量控制派，另一种是"考虑异质性"的结构控制派。总量控制派不考虑结构性的差异，用全面覆盖的方式整体控制通货膨胀压力，虽然从直观上来看效果会更好，但是从产生的社会成本等更广泛

的意义上来看，投入产出效益就存在一定的不确定性。

基于本书的异质性分析框架，本章主要提出"结构性"政策缓解通货膨胀压力。 结构派认为，从商品价格上涨的情况来看，主要是食品价格上涨程度较深，从影响程度的情况来看，主要是对低收入群体影响较大，查找缓解通货膨胀压力的关键因素从而有针对性地进行结构性治理和缓解通货膨胀压力，可以减少治理成本。

在文献综述部分，本书已经从缓解居民通货膨胀压力的角度对我国目前的宏观政策进行归纳整理，再结合本书异质性研究结果可明确，一刀切的宏观政策不符合我国经济现状。 从缓解居民通货膨胀压力的角度来看，应从结构性角度出发，基于敏感性商品及受影响较大的居民群体的宏观性政策应起到更为有效的积极作用。

近年来，我国农业类商品的价格上涨较快及该类商品价格上涨对中低收入群体影响较大，从缓解居民通货膨胀压力的补贴政策来看，可分表层和深层两种层面的政策。 表层的补贴政策致力于降低商品价格水平，对生产者进行直接补贴。 我国对农业生产者本身进行直接补贴的主要目的是提高农民种植粮食的积极性，改善农产品供求关系，一定程度上降低价格上涨程度，从根本上解决通货膨胀引发的关键问题。 深层的治理政策目标在于提高居民实际生活水平，对消费者进行直接补贴。 近些年，在我国食品价格上涨较快的情况下，各地政府部门对中低收入群体给予适当的生活补贴，保障居民应对通货膨胀时的实际生活水平。

但是，无论是针对生产者还是消费者进行直接补贴的政策，又都存在着积极作用及不足之处。 但是在具体比较各种政策在经济系统中产生的整体效应时，不同的政策实施过程中需要的经济投入和政府介入程度不相一致；也就是说，各种政策的经济成本和政治成本存在差异，那么，对它们产生的效应进行优劣比较就会失去最基本的原则。为了使各种政策具有可比性，模拟时需要经过等价方式进行处理。

最终，本书主要从政府财政补贴政策的角度设计宏观政策：一方面针对价格上涨较快的生产部门进行生产性补贴，另一方面通过补贴中低收入消费者，再通过经济系统直接或间接的传导机制比较两种方式产生的经济总体变动、居民收入和效用水平、通货膨胀水平等方面的情况。

为了反映各种政策在经济系统中产生的整体效应，本书建立了 CGE 模型并进行政策模拟。特别地，为了分析不同收入居民群体的异质性，本书建立 CGE 模型将居民部门按照收入分层，更细化居民部门与生产部门之间的相互影响。

本书将针对商品和针对居民部门的各种政策实施情况纳入 CGE 模型的框架之中，通过定量模拟分析的结果来解释政策缓解居民通货膨胀压力的作用机制，比较和选择经济有效的社会保障政策。最终提出运用 CGE 模型对各种缓解居民通货膨胀压力的政策进行模拟分析，试图寻求实施效果较优的政策。

第二节　一般均衡理论——CGE 模型的理论基础

均衡是经济学的核心问题。经济系统中供求双方达成一种均衡状态是任何经济运行所向往的理想状态。从古至今，很多著名学者都将均衡思想引进经济学理论中。关于"均衡"这个名词，最早由詹姆斯·斯图亚特在 1769 年引用到经济学中，成为经济理论赖以建立的中心组织范畴[①]。亚当·斯密在 1776 年出版的《国民财富的性质和原因的研究》中虽然没有使用"均衡"一词，但是著名的"看不见的手"反映出的基本思想可以表示为均衡是经济系统中的引力中心——所有经济量值不断地准备适应的正是这种价值结构[②]，从此"经济均衡"的理论在均衡性质的研究上逐渐发展起来。马克思也曾经比较系统地论述一般均衡理论，指出，社会总劳动量要根据不同的社会需求量在不同产品生产之间按照正确的比例进行分配[③]。实际上，这种分配方式就是所谓的一般均衡状态。

虽然均衡的概念提出已久，但是通常学界认为，一般均衡理论最早起源于 1874 年法国经济学家里昂·瓦尔拉斯（Leon Walras）的论著《纯粹经济学要义》（*Element of Pure Economics*）。他把边际效用分析从个别商品扩大到全部商品，认为经济系统是一个存在紧密联系的内在结构的整体，其中各种商品和生产要素的供给与需求相互作用、相互影响，并可以通过价格来达到均衡关系。具体地，他用方程式的形式来表达亚当·斯密的主要思想，采用线性方程组来表现经济系统中各种商品价格、供给和需求间存在的数

---

① 安红霞:《谈经济均衡理论的发展方向》,《经济研究参考》,2011 年第 29 期,第 73—75 页。

② 约翰·伊特维尔、默里·米尔盖特、彼得·纽曼:《新帕尔格雷夫经济学大辞典》第 2 卷,经济科学出版社 1996 年版,第 193—194 页。

③ 刘小怡:《马克思一般均衡理论及其现实意义》,《华中科技大学学报》(社会科学版),2011 年第 1 期,第 72—77 页。

量关系，每一个方程反映某一种商品价格的函数关系，所有商品的价格、生产量、需求量及参与市场活动的企业、居民、政府、国外部门的经济数量均为模型的变量，当市场上所有商品的价格能够使所有商品的供求相等时，就必定会出现一组均衡价格，也即认为这组方程式在一定条件下存在均衡解。

从经济学的角度来说，一般均衡理论也称全部均衡理论，与微观市场上某单一市场达到供求平衡存在的局部均衡有根本性的区别。全部均衡是指所有市场同时出现如下这样一组价格向量和商品向量的组合。简单的数学描述如下：

假设经济系统中存在 n 个市场，有 n 种商品，商品 i 的价格为 p_i，$\boldsymbol{p} = （p_1, \cdots, p_n）$ 表示为所有商品价格向量。所有生产商品 i 的企业称为部门，i 的供应函数表示为 $q_i^s（\boldsymbol{p}）$，所有居民对商品 i 的需求函数表示为 $q_i^d（\boldsymbol{p}）$。一般来讲，全部均衡状态指存在一个特定的价格向量 $\boldsymbol{p}^* = （p_1^*, \cdots, p_n^*）$，使得市场上所有商品供求平衡，即 $q_i^s（\boldsymbol{p}^*） = q_i^d（\boldsymbol{p}^*）$，$i = 1, \cdots, n$。

在一般均衡理论的思想指导下，20 世纪 50 年代以来，各国对经济政策的分析重点逐渐转向经济发展的中长期战略，在这个时期出现很多重要的多变量多部门研究方法，投入产出模型和 CGE 模型作为经济各部门之间的相互影响关系模型成为最科学的宏观经济模型。列昂惕夫在高度评价全部均衡理论的基础上借用这一思想开拓了投入产出分析法，指出投入产出分析法是用新古典学派的全部均衡理论，对各种错综复杂的经济活动在数量上的相互依赖关系进行经验研究。[①] CGE 模型是以一般均衡理论为基础，以一组数学方程的形式反映整个社会的经济活动的模型。[②]

第三节　CGE 模型的分析步骤

运用 CGE 模型分析实际问题一般可以分为 4 个阶段（如图 5-1 所示）：首先，提出问题阶段，主要是针对目前社会经济发展过程中存在的矛盾有所认识，对各种政策实施产生的结果有定性分析。其次，编制 SAM 表阶段。编制 SAM 表为建立模型提供数据资料。根据数据的可获得性和研究内容的需要，确定 SAM 的基本内容，包括中间投入部门划分、居民部门分类、劳动力分类、资本划分、其他内容的添加（如能源投入）等。同时，根据各种年鉴提取统计资料，建立完整的 SAM 表。再次，建立 CGE 模型阶段。利用已有文献，参考其模型需要的各种外部参数或者利用各种计量方法自行估计获得；建立 CGE 模型并利用软件（GAMS）实现政策模拟；政策模拟基于 SAM 和各种外部参数值对 CGE 模型进行标定，求解基准情景。最后，政策模拟分析阶段。结合实际问题的需要，设定不同的政策情景，利用 CGE 模型进行模拟。从模拟结果来看政策实施的各种强度对其他经济外部环境造成的影响，最终进行政策选择。

---

① 沃西里·列昂惕夫:《投入产出经济学》商务印书馆 1980 年版,第142 页。
② 李善同:《中国可计算一般均衡模型及其应用》经济科学出版社 2010 年版,第 1 页。

社会经济状况的基本分析	提出问题阶段
各种政策实施产生结果的定性分析	
确定SAM表的部门构成	编制SAM表阶段
收集数据资料	
自行估计或借鉴外部参数	建立CGE模型阶段
基于数据资料进行CGE模型标定	
求解基准情景	
设定不同的政策情景	政策模拟分析阶段
利用CGE进行模拟分析	
结果分析与政策选择	

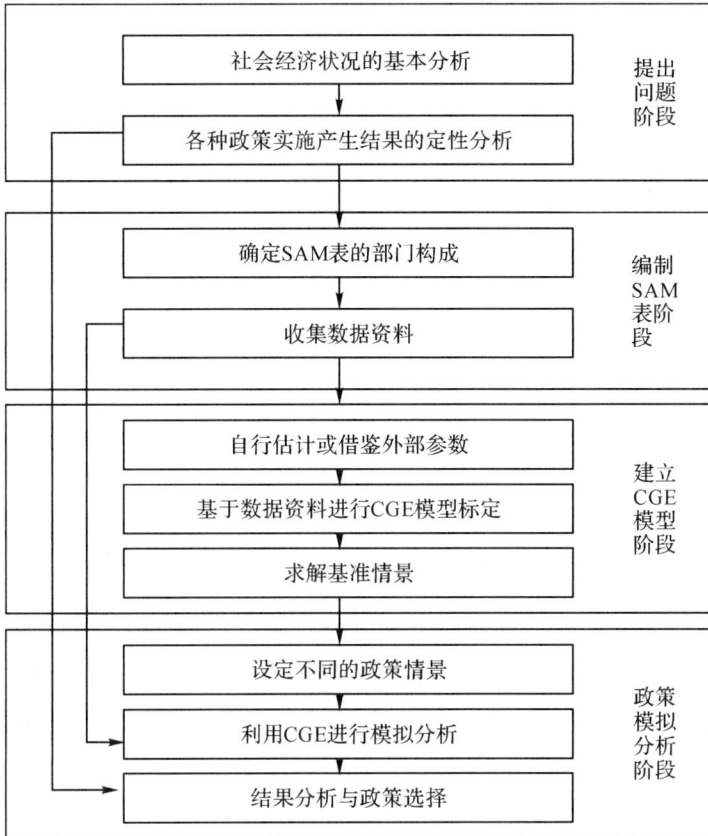

图 5-1 CGE 模型的建模及分析步骤

第六章　CGE 模型的数据基础
——SAM 表

第一节　SAM 表简介

　　SAM 表是以矩阵形式描述国民经济核算体系中各账户的供应和使用流量及其平衡关系的一种正方形矩阵，是 CGE 模型的数据基础。其中，每行和每列都代表一个国民核算账户，行代表该账户的收入，列代表该账户的支出。由于每个账户的总收入和总支出必须平衡，因而每列的总数值和每行的总数值必须相等。

　　依据经济运行的普遍规律，本书的 SAM 包含 6 种类型的账户，分别是商品账户、活动账户、要素（包括劳动力和资本）账户、国内机构（包括居民、企业和政府）账户、资本（包括固定资产投资和存货）账户和国外账户。SAM 在部门划分方面非常灵活，可以根据研究任务的需求分解某部门也可以合并几个部门。本书在标准 SAM 表的基础上，考虑实际研究需求，具体将商品部门分为 3 个产业部门；要素账户包括劳动力账户和资本账户；居民部门分为城镇居民和农村居民，且城镇居民具体包括 7 类，分别是最低收入群体、低收入群体、中等偏下收入群体、中等收入群体、中等偏上收入群体、高收入群体和最高收入群体。

根据宏观 SAM 表中的平衡基本原则，各账户的收入和支出项具体的解释为商品账户主要描述国内市场上商品供给与需求的平衡关系。收入行来源于生产部门的中间需求、居民消费、政府消费、固定资本投资、存货增加和出口；支出列主要描述对国内部门总产出的购买、进口及进口商品关税的支付。

活动账户描述的是国内各种生产部门之间的活动联系，总产出作为收入行，用来支付中间投入、各要素成本和间接税。

要素账户，即劳动力和资本账户的行表示各种要素投入带来的增加值和对外国的要素服务出口；列表示该要素分配企业的资本收入、居民部门的劳动收入、政府部门的要素所得税和要素服务进口。

居民账户的行表示劳动报酬、从企业和政府部门获得的转移支付、净国外汇款；列表示支出，包括居民消费、居民储蓄、居民缴纳的个人所得税和向国外的转移支付。

企业账户的收入行表示企业的资本利润、政府部门的转移支付和来自外国的转移支付；支出列表示企业分配给居民部门的利润所得、企业自留收益、支付给政府的直接税和对外国的转移支付。

政府账户的收入行表示各种税收，包括生产部门缴纳的间接税、企业缴纳的直接税、个人缴纳的所得税、进口商品关税及出口退税、国外的转移性收入；支出列表示政府消费、向居民/企业/外国的转移支付和政府储蓄。

资本账户行表示国外账户的收入，来源于居民和政府储蓄、企业留存利润及国外的资本转移；列项的固定资本形成、存货增加和资本转移国外构成总投资。

国外账户的行项来自进口、各种要素服务进口、国外资本投资及企业/居民/政府对国外的支付，其构成我国外汇支出；其列表示出口，各种要素服务出口、对中国居民/企业/政府的转移支付及国外储蓄。具体的结构描述见表 6-1。

第二节　中国 2007 年宏观 SAM 表编制

SAM 数据资料的准确性对经济政策的模拟分析与决策选择都具有非常重要的意义。但是目前存在的 SAM 编制中涉及的部门结构、编制方法、数据来源等都是为特定的政策分析所服务的，没有统一的标准。本书涉及对行业和居民部门的细分，为了保证数据的原始性和真实性，本书通过自下而上的方法来编制，即一种从宏观到微观、从整体到局部的演绎方法[①]。具体的编制思路是：

首先，编制涉及各种宏观经济数据的平衡问题的宏观 SAM。简单的做法是将可以从官方统计资料中获得的统计数据填入各种账户的汇总单元格，而将那些含义不甚明确或者重要性不是很大的科目作为整个账户的平衡项来处理。[②]其次，在宏观 SAM 的基础上根据研究目的编制详细的微观 SAM，涉及细分的商品活动账户、居民账户根据各种统计方

---

① 徐卓顺：《可计算一般均衡(CGE)模型：建模原理、参数估计方法与应用研究》，博士学位论文，2009。

② 范金、杨中卫、赵彤：《中国宏观社会核算矩阵的编制》，《世界经济文汇》2010 年第 4 期，第 103—119 页。

表6-1　本书SAM构成描述

	活动(3)	商品(3)	要素 劳动力	要素 资本	居民(8)	企业	政府	资本账户	国外	汇总
活动(3)		国内销售							出口	总产出
商品(3)	中间需求				居民消费		政府消费	固定资本投资和存货增加		总需求
要素 劳动力	劳动净增加值									要素收入
要素 资本	资本净增加值								要素服务出口	要素收入
居民(8)			劳动收入	资本收入（总利润）		转移支付（利润分配）	转移支付		转移支付	居民收入
企业							转移支付		转移支付	企业收入
政府	间接税	进口税			个人所得税	直接税			转移支付	政府收入
资本账户					居民储蓄	企业留利（含折扣）	政府储蓄		净国外资本流入	总储蓄
国外		进口						对外交易		外汇支出
汇总	总成本	总供给	劳动要素支出	资本要素支出	居民支出	企业支出	政府支出	总投资	外汇收入	外汇收入

法分配至细分账户。

关于宏观 SAM 的编制，国内学者范金等（2010 年）以 2007 年数据为基础，编制出涉及 12 个部门的中国宏观 SAM，为进一步细化 SAM 打下了良好的数据基础。 如前所述，SAM 的格式和内容（部分和项目）可随研究内容和研究目的的不同进行适当增减。 因本章研究内容所需，本书在范金等（2010）构建的 SAM 的基础上进行了以下两方面的调整。 第一，对账户进行合并。 将政府补贴、预算外和政府 3 个账户合并为一个政府账户①；资本账户与存货账户合并为一个资本账户。 第二，对原有数据进行更新。 范金等（2010）的研究中，由于一些数据没有出处，很多处理方式未将该项目作为平衡项。 本书在尽可能补充精确数据的基础上把国外账户的项目作为平衡项来处理。 以下为具体的编制过程。

一、活动账户

活动账户具体记录了国内生产活动部门的总投入和总产出。 从行的角度来看，活动账户包括国内销售活动和国外销售活动（即出口）。 从列的角度来看，包括了中间投入、要素投入和政府所得生产税净额。 详细的复式记账核算结果及数据来源如表 6-2 所示。

---

① 本章对范金等的研究中已有的 SAM 中的 3 种政府部门账户进行合并，主要是考虑到后续还会把居民部门分为不同收入群体，从而减少细分账户的工作量，确保数据准确性。

表 6-2　2007 年中国宏观 SAM 活动账户

（单位：亿元）

列（总投入）		数据来源	行（总产出）		数据来源
中间投入	552 815	2007 年投入产出表	国内销售活动	723 318	平衡关系求得
劳动力要素投入	110 047	2007 年投入产出表	国外销售活动（出口）	95 541	2007 年投入产出表
资本要素投入	117 478	2007 年投入产出表			
生产税净额	38 519	2007 年投入产出表			
合计	818 859		合计	818 859	

二、商品账户

商品账户记录国内市场商品的总供给和总需求。从行的角度来看，包括活动账户的中间需求，居民和政府的最终需求及资本形成的国内总需求。从列的角度来看，包括由国内销售的产出、进口商品及对应产生的进口关税形成的国内商品总供给。详细的复式记账核算结果及数据来源如表 6-3 所示。

表 6-3　2007 年中国宏观 SAM 商品账户

（单位：亿元）

列（总供给）		数据来源	行（总需求）		数据来源
国内销售	723 318	与活动账户交叉	中间需求	552 815	与活动账户交叉
进口关税	1433	范金等（2010）估算结果	居民消费	96 553	2007 年投入产出表
进口	74 021	2007 年投入产出表	政府消费	35 191	2007 年投入产出表
			资本形成	114 213	平衡关系求得
合计	798 772		合计	798 772	

三、要素账户

要素账户包括劳动力账户和资本账户。

劳动力账户的行与列分别表示劳动力要素带来的收入及分配情况。 复式核算结果如表 6-4 所示。

表 6-4　2007 年中国宏观 SAM 劳动力账户

（单位：亿元）

列（劳动收入分配去向）		数据来源	行（劳动报酬）		数据来源
劳动收入	110 047	与活动账户交叉	劳动报酬	110 047	平衡关系求得
合计	110 047		合计	110 047	

资本账户的行表示资本要素的收入包括国内和国外资本要素收入，列表示资本要素向企业部门的分配情况。 这里与范金等（2010）的做法有所区别，他们研究中的资本要素分配对象包括了居民与企业，而本书为了在后续 CGE 模型的编制过程中简化模型只包括了企业部门。 实际上，二者并没有本质区别，相当于居民的要素收入部分转移到居民获得的企业利润中。 复式核算结果如表 6-5 所示。

表 6-5　2007 年中国宏观 SAM 资本账户

（单位：亿元）

列（资本收入分配去向）		数据来源	行（资本收入）		数据来源
企业	119 100	平衡关系求得	国内资本要素收入	117 478	与活动账户交叉
			国外资本要素收入	1 622	2007 年国际收入平衡表
合计	119 100		合计	119 100	

四、居民账户

居民账户的行项反映居民部门的各种收入，包括劳动报酬、企业转移支付、政府转移支付及国外收入；列项反映居民部门的各种消费支出，包括居民消费、个人所得税交纳及储蓄。复式核算结果如表 6-6 所示。

表 6-6　2007 年中国宏观 SAM 居民账户

（单位：亿元）

列（支出）		数据来源	行（收入）		数据来源
居民消费	96 553	与商品账户交叉	劳动报酬	110 047	与劳动力账户交叉
个人所得税	3186	2008 年《中国财政年鉴》	企业转移支付	40 431	平衡关系求得
居民储蓄	60 966	2007 年资金流量表（实物部分）	政府转移支付	7276	范金等(2010)估算结果
			国外收入	2951	2007 年国际收支平衡表
合计	160 705		合计	160 705	

五、企业账户

企业账户的行项反映企业部门的资本收益；列项反映企业部门的各种支出，包括对居民的转移支付（其中包括对居民的资本要素收入分配）、缴纳直接税及企业储蓄。复式核算结果如表 6-7 所示。

表 6-7　2007 年中国宏观 SAM 企业账户

（单位：亿元）

列（支出）		数据来源	行（收入）		数据来源
对居民的转移支付	40 431	与居民账户交叉	资本收益	119 100	与资本账户交叉
直接税	16 196	范金等（2010）估算结果			
企业储蓄	62 473	平衡关系求得			
合计	119 100		合计	119 100	

六、政府账户

政府账户的行项表示政府部门的各种税收及国外收入，具体包括间接税、进口税、个人所得税、直接税及国外转移收入；列项表示政府部门的各种支出情况，具体包括政府消费、对居民的转移支付和政府储蓄。复式核算结果如表 6-8 所示。

表 6-8　2007 年中国宏观 SAM 政府账户

（单位：亿元）

列（支出）		数据来源	行（收入）		数据来源
政府消费	35 191	与商品账户交叉	间接税	38 519	与活动账户交叉
对居民的转移支付	7276	与居民账户交叉	进口税	1433	与商品账户交叉
政府储蓄	23 492	2007 年资金流量表（实物部分）	个人所得税	3186	与居民账户交叉
			直接税	16 196	与企业账户交叉

续　表

列（支出）		数据来源	行（收入）		数据来源
			国外转移收入	6625	平衡关系求得
合计	65 959		合计	65 959	

七、资本账户

资本账户合算的是总投资与总储蓄的平衡关系，其行项表示总储蓄，具体包括居民储蓄、企业储蓄和政府储蓄；列项表示总资本（包括固定资本形成及存货变动）及与国外部门的交易情况。复式核算结果如表 6-9 所示。

表 6-9　2007 年中国宏观 SAM 资本账户

（单位：亿元）

列（总投资）		数据来源	行（总储蓄）		数据来源
资本形成	114 213	与商品账户交叉	居民储蓄	60 966	与居民账户交叉
对外交易	32 718	平衡关系求得	企业储蓄	62 473	与企业账户交叉
			政府储蓄	23 492	与政府账户交叉
合计	146 931		合计	146 931	

八、国外账户

国外账户反映了我国与国外的经济联系，涉及的行列项目都已在前面的账户中核算完毕。该账户中大部分项目作为平衡项处理，由于本书分析内容与国外账户关系牵涉较少，这样处理并不影响最后的分析结果。

最终形成的 2007 年我国宏观 SAM 的具体数据见表6-10。

表 6-10　2007 年中国宏观 SAM

（单位：亿元）

		活动	商品	要素账户		居民部门	企业部门	政府部门	资本账户	国外部门	汇总
				劳动力	资本						
要素	活动		723 318							95 541	818 859
	商品	552 815				96 553		35 191	114 213		798 772
	劳动力	110 047									110 047
	资本	117 478								1622	119 100
居民部门				110 047			40 431	7276		2951	160 705
企业部门					119 100						119 100
政府部门		38 519	1433			3186	16 196			6625	65 959
资本账户						60 966	62 473	23 492		32 718	146 931
国外部门			74 021								106 739
汇总		818 859	798 772	110 047	119 100	160 705	119 100	65 959	146 931	106 739	

第三节　基于居民(部门)与商品(部门)细分的中国 2007 年微观 SAM 表编制

本书涉及不同商品类别、不同居民部门的分类情况,因此需要在宏观 SAM 的基础上再进行分解。 以下具体分解步骤按照宏观 SAM 中行的顺序进行。

一、活动账户行项对应的各部门细分情况

活动账户从行项上看,与商品部门和国外部门对应。 对应的国外部门表示各产业创造的国内总产出在国外的销售情况,如表 6-11 所示;细分活动账户对应的细分商品部门表示各产业创造的国内总产出在国内的销售情况,如表 6-12 所示。 数据来源于 2007 年 135 个部门投入产出表,通过合并获得。

表 6-11　2007 年细分活动账户对应的国外部门

(单位:亿元)

部门	国外
第一产业活动	666
第二产业活动	81 608
第三产业活动	13 267
合计	95 541

表 6-12　2007 年细分活动账户对应的细分商品部门

(单位:亿元)

部门	第一产业商品	第二产业商品	第三产业商品
第一产业活动	48 227		

续　表

部门	第一产业商品	第二产业商品	第三产业商品
第二产业活动		495 973	
第三产业活动			179 118

二、商品账户行项对应的各部门细分情况

(一)细分商品账户行项对应的细分活动部门

商品账户分为第一产业商品账户、第二产业商品账户和第三产业商品账户，对应的活动部门为第一产业活动部门、第二产业活动部门和第三产业活动部门。二者的交叉项形成中间投入矩阵。数据直接来源于 2007 年投入产出表。分解结果见表 6-13。

表 6-13　2007 年中间投入表

（单位：亿元）

	第一产业活动	第二产业活动	第三产业活动	合计
第一产业商品	6877	24 917	2550	34 344
第二产业商品	10 260	364 783	48 213	423 256
第三产业商品	3097	53 386	38 732	95 215
合计	20 234	443 086	89 495	552 815

(二)细分商品账户行项对应的细分居民部门

如上所述，商品账户分为第一产业商品账户、第二产业商品账户和第三产业商品账户，居民部门分为城镇最低收入群体、城镇低收入群体、城镇中等偏下收入群体、城镇中等收入群体、城镇中等偏上收入群体、城镇高收入群体、城镇

最高收入群体和农村居民。 交叉项表示各收入群体对各类商品的消费量。 分解的过程包括以下两个步骤：

第一，根据 2007 年投入产出表获得城镇和农村居民部门分别对三次产业的消费总额，具体数据见表 6-14。

表 6-14　2007 年城镇和农村居民部门对三次产业消费额

（单位：亿元）

商品	城镇	农村	合计
第一产业	5997	5159	11 156
第二产业	30 634	8915	39 549
第三产业	35 604	10 243	45 847
合计	72 235	24 317	96 552

第二，计算城镇不同收入群体和农村居民部门对三次产业的支出情况。

城镇居民部门中不同收入群体的消费支出数据具体通过以下几个步骤获取，结果见表 6-15。

（1）从《2008 中国统计年鉴》第九章人民生活中关于城镇居民家庭基本情况（2007 年）的调查数据获得不同收入等级的调查居民户消费支出额。

（2）计算不同收入等级的调查居民户在不同商品类型[①]消费支出额占总的调查居民户消费支出额的比例。

（3）按照上述的样本比例数据对不同商品的城镇居民消费支出额（分别为 5997 亿元、30 634 亿元、35 604 亿

---

① 这里的假定条件指的是将统计年鉴中八大消费类型归类为三次产业。食品归为第一产业；衣着、居住、家庭设备用品及服务、交通通信、医疗保健归为第二产业；教育文化娱乐服务和其他商品及服务归为第三产业。

元）进行分解，得到各群体的商品消费支出额。

表 6-15　2007 年细分居民部门消费情况

（单位:亿元）

商品	最低收入群体	低收入群体	中等偏下收入群体	中等收入群体	中等偏上收入群体	高收入群体	最高收入群体	农村居民	居民部门
第一产业	430	553	664	799	955	1143	1454	5159	11 157
第二产业	1337	2003	2602	3430	4520	6361	10 382	8915	39 550
第三产业	1473	2178	2955	4022	5341	7261	12 372	10 243	45 845
合计	3240	4734	6221	8251	10 816	14 765	24 208	24 317	96 552

（三）细分商品账户行项对应的政府部门

细分商品账户对应的政府部门表示政府部门分别在第一、第二、第三产业的消费支出情况。 数据从 2007 年投入产出表中获得，具体数据见表 6-16。

表 6-16　2007 年三次产业政府部门消费量

（单位:亿元）

商品	政府部门
第一产业	342
第二产业	0
第三产业	34 849
合计	35 191

（四）细分商品账户行项对应的资本账户

细分商品账户对应的资本账户表示各产业部门的固定资产投资和存货，具体如表 6-17 所示，其中数据来自平衡项。

表 6-17　2007 年三次产业资本账户

（单位：亿元）

商品	资本账户
第一产业	4757
第二产业	100 307
第三产业	9149
合计	114 213

三、要素账户行项对应的各部门细分情况

要素账户行项仅对应活动部门。 资本账户包括各产业部门的资本回报，劳动力账户包括各产业部门的劳动者报酬，见表 6-18。 具体数据来源于 2007 年 135 个部门的投入产出表。

表 6-18　2007 年要素账户对应的各活动部门情况

（单位：亿元）

	第一产业活动	第二产业活动	第三产业活动	合计
劳动力要素	27 182	45 994	36 871	110 047
资本要素	1430	64 191	51 857	117 478

四、居民账户行项对应的各部门细分情况

（一）细分居民账户行项对应的劳动力要素部门

居民账户行所对应的劳动力要素部门，是指各居民部门的劳动报酬。 根据《2008 中国统计年鉴》第四章就业人员和职工工资的内容可以获得 2007 年城镇单位就业人员劳动报酬为 29 471.5 亿元，因此农村居民劳动报酬可以通过总的劳动报酬扣除城镇居民劳动报酬得到，为 80 575.5 亿元。

城镇居民中不同收入群体的劳动报酬数据可通过以下几个步骤得到：首先，忽略各个行业内部居民报酬的差异情况，按照 97 个细分行业平均劳动报酬从小到大进行排序，再以各行业就业人数为权数划分为 7 个不同群体；其次，计算每个群体的平均劳动报酬；再次，获得每个群体总的劳动报酬；最后，根据不同群体劳动报酬间的比例关系对总的城镇劳动报酬（29 471.5 亿元）进行分解，见表 6-19。

表 6-19　2007 年不同居民部门行项数据

（单位：亿元）

			劳动力要素	企业	政府	国外
居民部门	城镇居民	最低收入群体（10%）	1602	0	1698	0
		低收入群体（10%）	1670	790	1132	148
		中等偏下收入群体（20%）	4956	1580	1132	295
		中等收入群体（20%）	6173	2370	849	443
		中等偏上收入群体（20%）	5925	3160	566	590
		高收入群体（10%）	3720	6320	283	590
		最高收入群体（10%）	5425	25 279	0	885
	农村居民		80 576	932	1617	0
合计			110 047	40 431	7277	2951

（二）细分居民账户行项对应的企业部门

居民账户行项所对应的企业部门，是指企业部门对居民的资本要素所得分配。具体包括各居民部门的资本投资所得利息、红利、土地租金和其他。农村居民财产收入（932 亿元）可根据平均每人财产性收入乘以农村总人口获得，数据资料来源于《2008 中国统计年鉴》。城镇居民总财产收入由全国财产收入扣除农村居民财产收入得到为 394 98 亿元。 根据"80/20 法则",即认为 20% 的人掌握着 80% 的财富。 本书粗略地对城镇居民财产收入进行分解,最高收入和高收入群体分别拥有 64% 和 16% 的财产收入,即分别约是 25 279 亿元和 6320 亿元;其余 20% 由其他 5 个群体分配,中等偏上收入、中等收入、中等偏下收入、低收入、最低收入群体的分配比例分别假定为 8%,6%,4%,2% 和 0,即财产收入分别约为 3160 亿元、2370 亿元、1580 亿元、790 亿元、0。

(三)细分居民账户行项对应的政府部门

居民账户行项所对应的政府部门,是指政府部门对居民的价格补贴及其他支付。 农村居民的转移性收入根据统计年鉴中农村居民平均每人转移性收入(222.25 元)乘以农村总人口(72 750 万人)得到(1617 亿元),城镇居民的转移性收入根据总量扣除农村居民转移性收入获得(5659 亿元)。 由于转移性收入的特殊性,一般认为收入相对较低群体拥有的转移性收入越高,假定比例根据收入从低到高的顺序依次分别为 30%,20%,20%,15%,10%,5%,0,具体的结果见表 6-19。

(四)细分居民账户行项对应的国外部门

居民账户行项所对应的国外部门,是指居民的国外收益。 一般认为收入较高人群更有机会获得国外收益,因此简单假定收入从低到高的群体获得的国外收益比例依次分别为 0,5%,10%,15%,20%,20%,30%。

五、政府账户行项对应的各部门细分情况

(一)政府账户行项对应的商品部门

政府账户行项对应的商品部门,是指政府征收各产业部门的进口关税。 由于缺乏分行业的关税统计,本书简单地按照各产业进口额所占比重对进口关税总额（1433 亿元）进行分解。 第一、第二、第三产业进口额所占比例分别是 3％，89％和 8％，对应的进口关税额分别为 43 亿元、1275 亿元、115 亿元。 具体结果见表 6-20。

表 6-20　2007 年政府账户对应的商品部门

（单位:亿元）

	第一产业商品	第二产业商品	第三产业商品	合计
政府部门	43	1275	115	1433

(二)政府账户行项对应的活动部门

政府账户行项对应的活动部门,是指政府部门征收各产业部门的间接税,具体划分采用上述思路,按照各活动部门产出占总产出的比例进行分解。 具体结果见表 6-21。

表 6-21　2007 年政府账户对应的活动部门

（单位:亿元）

	第一产业活动	第二产业活动	第三产业活动	合计
政府部门	47	24 310	14 161	38 518

(三)政府账户行项对应的居民部门

政府账户行项对应的居民部门,是指不同收入等级群体

向政府部门交纳的个人所得税。 由于农村居民交纳的个人所得税较为有限，本书将其忽略。 城镇居民中不同收入群体的个人所得税数据具体分以下两个步骤得到，具体结果见表 6-22。

表 6-22　2007 年政府账户对应的居民部门

（单位：亿元）

	居民部门								汇总
	城镇居民							农村居民	
	最低收入群体	低收入群体	中等偏下收入群体	中等收入群体	中等偏上收入群体	高收入群体	最高收入群体	居民	
政府部门	84	101	529	699	922	318	533	0	3186

第一，从《2008 中国统计年鉴》第九章人民生活中关于城镇居民家庭基本情况（2007 年）的调查数据获得不同收入等级的调查居民户人均全部年收入与人均可支配收入。 具体算法为某收入等级城镇居民个人所得税＝调查户数×调查户比重×平均每户家庭人口×（平均每人全部年收入－平均每人可支配收入）。

这里需要解释的是，平均每人全部年收入与可支配收入之间的差额除了个人所得税以外，还包括个人缴纳的社会保障支出及记账补贴后的收入，但是考虑到数据的获得性和这两项内容所占份额较小，因此本书将其忽略不计。

第二，计算不同收入等级的调查居民户个人所得税占总的调查居民户个人所得税的比例。

第三，按照上述的样本比例数据对总的城镇个人所得税（3186 亿元）进行分解，得到各群体的个人所得税额。

六、资本账户行项对应的居民部门

资本账户行项对应的居民部门，是指不同收入等级居民的储蓄额，这里的储蓄指可支配收入中除去消费的部分。具体来说，分别考虑农村居民储蓄和城镇居民储蓄，将其作为平衡项处理。

七、国外账户行项对应的商品部门

国外账户行项对应的商品部门，是指不同产业的进口额，数据来源于 2007 年投入产出表。

按照上述分解思路与具体的分解步骤，最终得到含 20 个部门的账户交叉情况，具体的结果见表 6-23 和表 6-24。

第四节　总　结

本章建立 CGE 模型最首要的步骤为编制 SAM。 SAM 的准确与否直接影响到最终的模拟分析结论。 本章首先介绍了本书分析所需 SAM 的编制思路，再从宏观 SAM 逐项分解各商品和各居民部门的相关账户。 其次，在 2007 年投入产出表及相关宏观经济数据的基础上，进行了具体的分解，最终较为精确地获得了 20 个部门组成的 SAM，其中具体包括 3 个商品部门、3 个活动部门、2 个要素部门、8 个居民部门、1 个企业部门、1 个政府部门、1 个资本部门和 1 个国外部门。

表6-23　2007年中国宏观细分SAM

（单位：亿元）

	第一产业活动	第二产业活动	第三产业活动	第一产业商品	第二产业商品	第三产业商品	要素 劳动力	要素 资本
第一产业活动				48 227				
第二产业活动					495 973			
第三产业活动						179 118		
第一产业商品	6877	24 917	2550					
第二产业商品	10 260	364 783	48 213					
第三产业商品	3097	53 386	38 732					
要素 劳动力	27 182	45 994	36 871					
要素 资本	1430	64 191	51 857					
最低收入群体							1602	
低收入偏下群体							1670	
中等偏下收入群体							4956	
中等收入群体							6173	
中等偏上收入群体							5925	
最高收入群体							3720	
农村部门							5425	
企业部门							80 576	119 100
政府部门	47	24 310	14 161	43	1275	115		
资本账户								
国外部门				2329	65 865	5826		
汇总	48 893	577 581	192 384	50 599	563 113	185 059	110 047	119 100

表 6-24　2007 年中国宏观细分 SAM(续)

（单位：亿元）

| | 城镇居民 | | | | | | | 农村居民 | 企业 | 政府 | 资本账户 | 国外 | 汇总 |
	最低收入群体	低收入群体	中等偏下收入群体	中等收入群体	中等偏上收入群体	高收入群体	最高收入群体						
第一产业活动												666	48 893
第二产业活动												81 608	577 581
第三产业活动												13 266	192 384
第一产业商品	430	553	664	799	955	1143	1454	5159		342	4756		50 599
第二产业商品	1337	2003	2602	3430	4520	6361	10 382	8915		0	100 307		563 113
第三产业商品	1473	2178	2955	4022	5341	7261	12 372	10 243		34 849	9149		185 059
要素　劳动力												1622	110 047
要素　资本									0	1698			119 100
最低收入群体												0	3300
低收入群体									790	1132		148	3739

续　表

	城镇居民							农村居民	企业	政府	资本账户	国外	汇总
	最低收入群体	低收入群体	中等偏下收入群体	中等收入群体	中等偏上收入群体	高收入群体	最高收入群体						
中等偏下收入群体									1580	1132		295	7963
中等收入群体									2370	849		443	9834
中等偏上收入群体									3160	566		590	10 241
高收入群体									6320	283		590	10 913
最高收入群体									25 279	0		885	31 590
农村								0	932	16-7		0	83 125
企业												6627	119 100
政府	84	101	529	699	922	318	533	0	16 196				65 960
资本账户	−25	−1096	1213	884	−1497	−4169	6849	58 808	62 473	23 492			146 932
国外											32 718		106 739
汇总	3300	3739	7963	9834	10 241	10 913	31 590	83 125	119 100	65 960	146 932	106 739	

第七章 基于 CGE 模型的缓解居民通货膨胀压力的补贴政策效应分析

第一节 CGE 模型

如上所述，CGE 模型是在一般均衡理论的基础上构建一组方程体系来描述生产者、消费者及经济系统中各种部门之间的关系。各经济部门基于一系列最优化条件如生产者最大化利润、消费者最大化效用等最终在市场经济的各种作用下达到均衡，求解方程组，从而得出各种市场均衡的一组数量与价格水平。

一般来讲，CGE 模型涉及对生产者、消费者、政府及国外等 6 个部门行为主体在供给、需求和均衡关系中的行为描述。各部门的基本结构表述如表 7-1 所述。

表 7-1　CGE 模型中各部门基本结构

行为主体	描述内容	方程类型
生产行为	对商品和要素的生产行为及其优化条件进行描述	(1)描述性方程;(2)利润最大化方程
消费行为	预算约束条件下选择商品的最佳组合以实现尽可能高的效用描述	(1)描述性方程;(2)效用最大化方程
政府行为	描述政府的各项政策行为	(1)外生变量;(2)消费部分

续　表

行为主体	描述内容	方程类型
对外贸易行为	描述用最低成本实现进口产品与国内产品间的最适合分配	(1)进口行为;(2)出口行为
市场均衡	产品市场均衡;要素市场均衡;资本市场均衡;政府预算均衡;居民收支均衡;国际收支均衡	(1)总供给=总需求;(2)劳动力供给=劳动力需求;(3)总投资=总储蓄;(4)政府支出=政府收入;(5)居民收入=居民支出;(6)外国资本流入=外国资本流出
CGE 闭合规则	保证 CGE 模型存在稳定、唯一的均衡解	(1)保证 CGE 模型中内生变量可解①;(2)方程符合经济学的原理

　　在生产者方面,生产方在经济运行中处于核心主体,对应的生产方模块在 CGE 模型中也是非常重要的部分。 关于生产模块在 CGE 模型中的表述,不同的文献及学派都存在形式上的差异。 但究其实质内容均是通过不同的数学表达式对整个方程组求解企业对商品的供应函数和保证一定产出的情况下对要素的需求函数。 因此,最重要的是生产函数的选择。 一般的生产函数形式有 3 种:第一种是列昂惕夫生产函数;第二种是柯布—道格拉斯生产函数(C-D 生产函数);第三种是常替代弹性系数(CES)函数。 列昂惕夫生产函数要求中间投入和要素投入之间的比例是固定的,即线性生产函数,而现实经济中常常存在研究要素间的替代情况,因此,一般的 CGE 研究中均为非线性生产函数。 就 C-

---

　　① 保证 CGE 模型存在均衡解的条件根据计算机解析模型的不同而有所区别。运用 GAMS 软件求解时常用的有 MCP(Mixed Complementarity Problems)模型和 NLP(Non-linear Problems)模型。MCP 模型要求方程等式与内生变量数量相等,NLP 模型允许方程等式与内生变量不相等,但是要设计一个目标函数才能解出最优可行解。

D 生产函数而言，要素间替代弹性恒定为 1，虽然并不完全符合实体经济中的生产行为，但是就假设和计算处理而言，相对简单容易理解，因此本书选择 C-D 生产函数形式。

假定生产过程中只存在劳动力、资本两种要素，在总投入一定的情况下根据利润最大化的原则，推导出的最优化条件方程，具体包括成本函数、要素需求函数、利润函数、条件要素需求函数等。

在消费者方面，常常假定其效用函数为 C-D 生产函数形式。在收入预算约束的条件下，根据效用最大化的原则，推导出的最优化条件方程具体包括需求价格函数、需求收入函数等。

在进口方面，按照惯例，本书的模型满足阿明顿假定，即进口品和国产品是不可完全替代的。选用 CES 函数对其进行描述时，认为国内的需求者在一定的相对价格和可替代程度的条件下，选择国内产品和进口品的优化组合，以获得最小的成本，从而在最优化的条件下获得阿明顿需求中进口品和国产品的最佳份额。

在出口方面，学界通常用对数函数描述出口与国外价格和国内价格比之间的相关关系，确定在价格影响的因素下出口的最佳值。

在均衡方面，要求每个市场在价格机制的作用下都达到均衡。同时，假定劳动力和资本要素完全投入，各部门要素可以完全流动，工资率和资本报酬率内生。

在宏观闭合方面，运用新古典模型的闭合方法，即总投资等于总储蓄。它的特点是所有价格包括要素价格和商品价格都具有完全弹性，由模型内生决定，而对应的劳动力和资本要素都完全投入。

根据上述描述，CGE 模型中的方程可概括为 5 种类型：价格方程、供给方程、收入方程、需求方程和宏观闭合方程（如附录所示）。 虽然对于 CGE 模型，从各种学派和文献在各种方程的数学表达的形式上来看存在较大的差异，但是从本质上来讲都是最优化理论的各种不同表达，有的是显性的基本描述，有的是针对显性描述进行求解而成的非显性表达。

第二节　CGE 模型中变量属性定义及初始值设定

一、CGE 模型中各变量属性的定义

本书所描述的 CGE 模型中涉及两种类型的数据资料，具体包括变量和参数。 为了将其更明了化，本书列出了所有的外生变量和内生变量（如表 7-2 所示），外生变量主要包括政府部门的各种政策行为变量、国外部门的行为变量等，内生变量包括商品价格、居民和企业部门的各种收入分配行为变量等。 CGE 模型中参数的内容会在下节具体介绍。

表 7-2　CGE 模型中变量的名称、含义及属性

变量	含义	变量属性	变量	含义	变量属性
X_i	总产出	内生变量	$TDERP$	折旧	内生变量
$INTD_i$	中间投入	内生变量	$ENTY$	企业收入	内生变量
C_i	居民消费	内生变量	$ENSAV$	企业储蓄	内生变量
E_i	出口	内生变量	$ENTPROF$	企业利润	内生变量
Q_i	总需求	内生变量	$HOUSEY$	居民收入	内生变量

续　表

变量	含义	变量属性	变量	含义	变量属性
M_i	进口	内生变量	$HOUSAV$	居民储蓄	内生变量
D_i	国内销售	内生变量	S	总储蓄	内生变量
L_i	劳动力	内生变量	ER	汇率	内生变量
K_i	资本存量	外生变量	$TINV$	总投资	内生变量
PD_i	国内销售价格	内生变量	$NGDP$	名义 GDP	内生变量
PM_i	进口价格	内生变量	TM	关税率	外生变量
P_i	复合商品价格	内生变量	TD	间接税率	外生变量
INV_i	投资需求	内生变量	PN_i	净价格	内生变量
W	第一部门平均工资	内生变量	TTD	间接税收	内生变量
R	利润率	内生变量	$TPROF$	总利润	内生变量
$TWAGE$	总劳动报酬	内生变量	$ENTAX$	企业税费	内生变量
$HOUTAX$	个人所得税	内生变量	$GOVSAV$	政府储蓄	内生变量
$TARIFF$	关税	内生变量	$RGDP$	实际 GDP	内生变量
$INVABR$	国外资本净流入	外生变量	$GGDP$	GDP	内生变量
$TRGE$	企业转移收入	外生变量	$TRROWH$	居民国外收入	外生变量
$TRROWG$	政府国外收入	外生变量	$YROWL$	劳动要素国外收入	外生变量
$TRGH$	居民转移收入	外生变量	$YROWK$	资本要素国外收入	外生变量
G_i	政府消费	外生变量	$PSTAR$	国外价格	外生变量
PW	进口商品的国外价格	外生变量			

二、CGE 模型中各变量初始值的设定

CGE 模型中各变量初始值的获取主要有 4 种途径：第一种是直接通过 SAM 获取，如中间投入、出口、进口、政

府消费等；第二种为基于 SAM 的直接数据由 CGE 模型中函数关系所推导出，如总产出、总需求、总储蓄等；第三种是需要由外生给定的变量，如资本存量、劳动力数量的初始值设定；第四种是直接的基准设定。

前两种数据获取方式已经在对 SAM 及方程体系的介绍过程中涉及。为避免重复，本节主要对后面两种数据获取方式的变量进行说明。

(一)外生给定的变量的初始值设定

外生给定的变量的初始值设定主要是指对资本存量及劳动力数量初始值的估计。

①对资本存量的估计研究存在较多的文献资料，本书选用李仁君（2010）对中国 2007 年三次产业资本存量的测算结果。由于我国三次产业固定资产投资的数据不完善，只在 2003 年以后才具体到不同产业，该文（即上述李仁君写的文章，下同）采用了分段处理的办法对不同数据情况下的资本存量进行估计，其中利用了 Goldsmith 于 1951 年开创的永续盘存法。基本公式为

$$K_t = I_t + (1 - \alpha_t) K_{t-1} \qquad (7\text{-}1)$$

其中，K_t 表示第 t 年的资本存量，K_{t-1} 表示第 $t-1$ 年的资本存量，I_t 表示第 t 年的投资，α_t 表示第 t 年的折旧率。

考虑到该文估计的内容与本章内容相符，并且估计结果与多数文献结果类似，因此，本书选择该文的结果作为分析数据，具体见表 7-3 所示。

②劳动力数量的初始值为 2007 年第一、第二、第三产

业就业人员数，数据来源于《2008 中国统计年鉴》。

③汇率的初始值设定为 1。

表 7-3　外生变量的估计值

产业	资本存量（万元）	劳动力数量（万人）	汇率
第一产业	4887.39	30 731	
第二产业	96 538.20	20 186	1
第三产业	121 970.79	24 404	

(二)价格基准设定

CGE 模型中涉及的很多部门都与价格因素有关。 一般均衡理论中的价格都具有零阶齐次性，因此，校准估算和复制的 CGE 模型导出的各种价格的绝对数值并未确定，将所有产品和要素价格按照同一比例增加或减少，CGE 模型仍然是平衡的（张欣，2010）。 这将为具体的 CGE 模型模拟研究造成不少困难。 因此，必须确定一个价格基准。 按照惯例，本书将第一、第二、第三产业的国内商品价格、复合商品价格、国外商品价格和进口商品的国外价格的基准价格固定等于 1，最终使得政策模拟结果中其他商品和要素的价格在这个基准价格的基础上有特定的数值（如表 7-4 所示）。

表 7-4　CGE 模型中部分价格基准设定情况

各种价格	产业		
	第一产业	第二产业	第三产业
国内商品价格 PD	1	1	1
复合商品价格 P	1	1	1
国外价格 $PSTAR$	1	1	1
进口商品的国外价格 PW	1	1	1

第三节　CGE 模型参数估计及稳健性检验

在进行 CGE 模型的均衡解求解之前，首要任务是对 CGE 模型中各种参数进行求解。 CGE 模型中各个函数的参数主要分为两种类型，一种类型是模型中涉及的弹性参数，如生产函数中的劳动力和资本弹性系数、效率系数，居民效用函数中的弹性系数，阿明顿假设中进出口替代弹性系数等。 这系列弹性参数无法根据 SAM 校调估算获得，需要通过其他信息和数据运用统计计量模型推算出来。 另一种类型是模型中涉及的份额参数，如居民与政府的支出份额、劳动份额、居民储蓄率、企业储蓄率和政府储蓄率等，这些参数一般均是通过校调估算从 SAM 数据上推算出来的。 同样为了系统化，表 7-5 列出了所有待估的参数。

表 7-5　CGE 模型中待估参数的名称及含义

参数	含义	参数	含义
α_i	劳动份额	$INVESTc_i$	固定资本率
A_i	规模参数	$INVENTc_i$	存货率
a_{ij}	中间消耗系数	$ENTSAVc$	企业储蓄率
λ_i	各部门平均工资与第一部门平均工资之比	$HOUSAVc^h$	居民储蓄率
$DEPRATc_i$	资本折旧率	σ_i	阿明顿方程中替代弹性系数
$HOUCONc_i^h$	居民消费率	δ_i	进口方程中的阿明顿份额参数
$ENTAXc$	企业税率	ρ_i	进口方程中的阿明顿替代项
$HOUTAXc^h$	居民税率	$ECONST_i$	出口方程的常数项

参数	含义	参数	含义
$ECOEP_i$	出口价格需求弹性	ε_i	进口方程中的阿明顿常数项

一、外生确定的参数

所有参数中需要外生确定的参数主要为阿明顿方程中替代弹性系数和出口价格需求弹性系数。 外生确定的参数基本选择已有文献中存在的数据作为参考资料，其次根据常规的方法进行估计。

(一)阿明顿方程中替代弹性系数 σ_i

阿明顿方程中替代弹性系数的估计方法有计量经济模型、GME 方法（如 Nganou，2004 ），这些方法需要的数据资料的时间序列较长，否则估计结果不准确。 对于一些发展中国家，由于数据的限制，其通常会使用已有文献中已经提供的参数而不是在较短的时间序列内重新估计。 本书选择樊明太等（1999 ）在 CGE 模型应用中提出的各部门阿明顿弹性均为 2 的结论，如表 7-6 所示。

(二)出口价格需求弹性系数 $ECOEP_i$

出口价格需求弹性系数的估计一般采用最小二乘法，基本模型为

$$\ln E_i = a_i + b_i \ln \left(\frac{p_{exi}}{p_{ini}} \right) + \varepsilon_i \qquad (7\text{-}2)$$

其中，E 表示出口量，p_{ex} 表示国外价格，p_{in} 表示国内价格，b 表示出口价格需求弹性系数。

为估计出口价格需求弹性系数值，需要知道三次产业对应的各种变量值。

出口量与国外价格的数据资料来源于《中国对外贸易指数（1993—2004）》（上下册）。同时，本书以国民经济行业的分类为依据，近似地将农林牧渔业对应第一产业，采矿业、制造业和电力、燃气及水的生产和供应业对应第二产业，文化、体育和娱乐业对应第三产业。直接获得的数据为 1993—2004 年三次产业的每月同比数量指数和价格指数。具体处理方式是将一个年度中 12 个月环比指数进行几何平均得到各年同比指数，最终得到以 1992 年为基年的定基数量指数和出口价格指数；其中第二产业的定基指数通过三种行业定基指数的几何平均获得。

三次产业的国内价格数据来源于《中国统计年鉴》，通过其获得三次产业历年按照当年价格计算的增加值指数即价格指数，以及三次产业按照上年可比价计算出来的增加值指数即数量指数。最终根据价格指数与数量指数之比计算出三次产业环比价格指数及以 1992 年为基期的定基国内价格指数。计算结果如表 7-6 所示。

表 7-6　我国三次产业对应的阿明顿替代弹性系数、出口价格需求弹性系数的估计结果

外生变量名	第一产业	第二产业	第三产业
阿明顿替代弹性系数	2	2	2
出口价格需求弹性系数	−1.097	−3.269	−1.576

二、校调估算的参数

除上述的参数外，其余参数利用 GAMS 软件①进行校调估算。 本书在细分 SAM 的基础上，校准估算了 CGE 模型中大量的对应参数。 计算结果如表 7-7 至表 7-10 所示。

(一)CGE 模型中三次产业对应的校调估算的参数

C-D 生产函数中的劳动份额 α_i，利用劳动要素收入占总要素收入之比计算获得；确定 α_i 之后，规模参数 A_i 可以通过 $A_i = \dfrac{X_i}{L_i^{\alpha_i} \cdot K_i^{1-\alpha_i}}$ 获得；工资率 λ_i 为各部门平均劳动报酬与第一产业部门平均劳动报酬之比； 资本折旧率 $DEPRATc_i$ 由资本折旧比资本存量获得；各部门固定资本率 $INVESTc_i$ 由各部门资本形成比全社会资本形成获得；不考虑存货的问题，因此各部门存货率 $INVENTc_i$ 为 0；进口方程中的阿明顿份额参数 δ_i 的计算公式为

$$\delta_i = \frac{1}{1 + \dfrac{1}{\left(\dfrac{PM_i}{PD_i} \times \dfrac{M_i}{D_i} \right)^{\frac{1}{\sigma_i}}}} \tag{7-3}$$

进口方程中的阿明顿替代项 ρ_i 的计算公式为

$$\rho_i = \frac{1 - \sigma_i}{\sigma_i} \tag{7-4}$$

进口方程中的阿明顿常数项 ε_i 的计算公式为

---

① GAMS(General Algebraic Modeling System)软件是一款数学规划和优化的高级建模系统的计算机软件,包含计算机编译程序语言和解算法结合在一起的求解程序,是 CGE 模型求解中最常用的软件。

$$\varepsilon_i = [\ \delta_i^{\sigma_i \cdot PM_i^{(1-\sigma_i)}} + (1-\delta_i)^{\sigma_i \cdot PD_i^{(1-\sigma_i)}}\ ]^{\frac{1}{1-\sigma_i}} \quad (7\text{-}5)$$

出口方程中的常数项 $ECONST_i$ 的计算公式为

$$\log ECONST_i = \log E_i - ECOEP_i \cdot \log\left(\frac{ER \cdot PSTAR_i}{PD_i}\right)$$

$$(7\text{-}6)$$

表 7-7　CGE 模型中三次产业对应的校调估算参数结果

参数	第一产业	第二产业	第三产业	参数	第一产业	第二产业	第三产业
α_i	0.950	0.417	0.416	$INVENTc_i$ ①	0	0	0
A_i	1.744	11.498	3.078	δ_i	0.183	0.271	0.155
λ_i	1	2.576	1.708	ρ_i	−0.500	−0.500	−0.500
$DEPRATc_i$	0	0	0	ε_i	1.427	1.657	1.357
$INVESTc_i$	0.042	0.878	0.080	$ECONST_i$	666	816 08	13 267

(二)CGE 模型中不同居民部门及企业部门对应的校调估算的参数

企业税率 $ENTAXc$ 的计算公式为

$$ENTAXc = \frac{企业税收}{企业利润 + 政府转移收入 + 国外收入}$$

$$(7\text{-}7)$$

企业储蓄率 $ENTSAVc$ 的计算公式为

$$ENTSAVc =$$

$$\frac{企业储蓄}{(1 - ENTAXc) \times (企业利润 + 政府转移收入 + 国外收入)}$$

$$(7\text{-}8)$$

---

① 这里的存货在计算的过程中与固定资本合并为资本形成总额,全部计入 $INVESTc_i$ 内,因此这里的存货率为 0。

不同收入居民的税率 $HOUTAXc^h$ 的计算公式为

$$HOUTAXc^h = \frac{税额}{（劳动报酬＋资本收益＋政府转移收入＋国外收入）}$$

$$(7-9)$$

不同收入居民的储蓄率 $HOUSAVc^h$ 的计算公式为

$$HOUSAVc^h = \frac{储蓄额}{（1－税率）×（劳动报酬＋资本收益＋政府转移收入＋国外收入）}$$

$$(7-10)$$

计算结果计入表 7-8。

表 7-8　CGE 模型中不同居民部门及企业部门对应的校调估算参数结果

参数	数值	参数	数值
$ENTAXc$	0.136	$ENTSAVc$	0.607
$HOUTAXc^1$	0.025	$HOUSAVc^1$	−0.008
$HOUTAXc^2$	0.027	$HOUSAVc^2$	−0.301
$HOUTAXc^3$	0.066	$HOUSAVc^3$	0.163
$HOUTAXc^4$	0.071	$HOUSAVc^4$	0.097
$HOUTAXc^5$	0.090	$HOUSAVc^5$	−0.161
$HOUTAXc^6$	0.029	$HOUSAVc^6$	−0.393
$HOUTAXc^7$	0.017	$HOUSAVc^7$	0.221
$HOUTAXc^8$	0	$HOUSAVc^8$	0.707

（三）中间消耗系数矩阵与居民消费系数矩阵

中间消耗系数矩阵通过 SAM 直接获得，如表 7-9 所示。

表 7-9　中间消耗系数矩阵

	第一产业	第二产业	第三产业
第一产业中间投入	0.1407	0.0431	0.0133

续　表

	第一产业	第二产业	第三产业
第二产业中间投入	0.2098	0.6316	0.2506
第三产业中间投入	0.0633	0.0924	0.2013

居民消费系数[①]矩阵也通过 SAM 直接获得，具体如表 7-10 所示。

表 7-10　居民消费系数矩阵

		第一产业	第二产业	第三产业
城镇居民	最低收入群体	0.1327	0.4127	0.4546
	低收入群体	0.1169	0.4230	0.4601
	中等偏下收入群体	0.1068	0.4182	0.4750
	中等收入群体	0.0968	0.4157	0.4875
	中等偏上收入群体	0.0883	0.4179	0.4938
	高收入群体	0.0774	0.4308	0.4918
	最高收入群体	0.0600	0.4289	0.5111
农村居民		0.2122	0.3666	0.4212

三、CGE 模型稳健性检验

在对基于 CGE 模型对各种政策的效果进行模拟前，一般来讲都应对模型进行稳健性检验。原因有三：第一，CGE 模型运算的数据基础为 SAM，而在第六章编制细分居民部门的微观 SAM 时因数据资料的缺失、数据口径不统一、数据来源不一致等实际问题，有可能导致 SAM 中存在一定的统计误差；第二，本章很多参数值的估计也有可能存

---

① 此处涉及的居民消费结构与计算居民消费价格指数时的消费结构存在一定的差异，因此不能与居民消费价格指数的消费结构数值直接进行对比。

在较多的不一致现象，如不同的统计方法和统计数据估计出来的结果存在一定的差异；第三，CGE 模型中存在较多的行为方程、各种内生外生变量、不同主体间的平衡关系等，容易出现漏洞。由于上述 3 个原因，在整个 CGE 模型建立过程中难免会出现错误。因此，在利用 CGE 模型进行模拟之前，应对模型本身的稳健性进行合理检验。

本书从基准数据与基准模型一般解的一致性入手，对 CGE 模型的稳健性进行检验。基于基准模型，设定所有基准价格都为 1，求解主要指标的变化率，如变化率非常接近于 0，则认为该模型是稳健的。表 7-11 为检验结果，从中可以看出，主要指标的变化率均接近于 0，说明该模型的模拟结果具有可信性。虽然存在一定的误差，但考虑到基础数据中存在较多的近似值，故可认为是合理的误差范围。

表 7-11   基准模型下主要指标的变化率

主要指标	变化率	主要指标	变化率
第一部门总产出	0.002 000	最低收入居民福利	0
第二部门总产出	−0.000 029	低收入居民福利	0
第三部门总产出	−0.000 088	中等偏下收入居民福利	0
第一部门劳动力	0.002 000	中等收入居民福利	0
第二部门劳动力	0.000 069	中等偏上收入居民福利	0
第三部门劳动力	−0.002 000	高收入居民福利	0
总产出价格	0	最高收入居民福利	0
国内生产总值	−0.000 053		

第四节　不同补贴政策效应的模拟结果

本书模拟的仿真情形是，假设 2007 年针对我国农业生产者的直接补贴政策没有实施，而是将这些补贴直接投向中等及中等偏下收入群体，从模拟其影响效应来进行比较选择。 2007 年的农业直接补贴金额据肖大伟（2010）汇总为512.7 亿元[①]，按照基年中等及中等偏下收入居民接受的政府转移支付比例进行补贴，具体的情况是最低收入群体补贴180.95 亿元、低收入群体补贴 120.64 亿元、中等偏下收入群体补贴 120.64 亿元、中等收入群体补贴 90.48 亿元。 假设发生了这样的补贴形式，然后用 GAMS 软件编程计算其对我国经济各个方面的影响情况，其中包括对各生产部门价格的影响、不同居民消费价格指数的影响、不同居民收入水平的影响、不同居民福利水平的影响和居民收入分配的影响等。

与大多数文献一致，在 CGE 模型的研究应用中通常将价值指标分解为价格和数量两个指标，价格因素基期常被定义为 1 个单位，即所有其他经济指标的具体数值并不代表该问题的绝对值意义，而是基于假定的相对变动。 因此本书在对模拟情景与现实情景进行分析对比时，只分析两种情景下各变量的相对变化率。 以下是具体的模拟结果。

[①]　肖大伟:《中国农业直接补贴政策研究》,博士学位论文,2010。

一、现实情景和模拟情景对宏观经济指标的影响

如表 7-12 所示,在模拟情景下,我国宏观经济各项重要指标相对 2007 年现实情景都有所增长,说明直接补贴居民缓解通货膨胀压力的财政政策对我国经济发展有一定的积极作用。 该项补贴政策使得 GDP 上涨 0.34%,同时总投资提高 0.28%,出口需求提高 0.23%,进口需求提高 0.38%,总需求提高 0.50%。

表 7-12　现实情景和模拟情景下宏观经济指标对比

宏观经济指标	现实情景 (单位:万元)	模拟情景 (单位:万元)	相对变化(%)
GDP	267 477	268 390	0.34
总投资	114 213	114 531	0.28
总需求	131 744	132 400	0.50
进口需求	74 021	74 303	0.38
出口需求	95 541	95 762	0.23

二、现实情景和模拟情景对各生产部门产出的影响

如表 7-13 所示,在模拟情景下,三次产业生产部门的产出量都出现上涨的趋势,依次为第一产业增长 0.22%,第二产业增长 0.24%,第三产业增长 0.25%,尤其是第一产业的产出量并没有因为减少其生产补贴而出现下滑,反而是在增加居民补贴的同时提高了各个产业的产出量。

表 7-13　模拟情景和现实情景下各生产部门总产出对比

生产部门	现实情景 (单位:亿元)	模拟情景 (单位:万元)	相对变化(%)
第一产业	48 893	49 003	0.22

续　表

生产部门	现实情景 (单位:亿元)	模拟情景 (单位:万元)	相对变化(%)
第二产业	577 581	578 961	0.24
第三产业	192 385	192 867	0.25

三、现实情景和模拟情景对各生产部门价格的影响

如表 7-14 所示,当政府补贴从生产者转移至中低收入居民时,所有部门产品的产出价格都未出现较大程度的变动。尤其是第一产业的产品价格并没有因为减少了生产补贴而出现大幅度的上涨,而是出乎意料地出现了略微的下降。可见,直接补贴生产者和直接补贴中低收入居民这两种政策方式对价格的影响并不明显。

表 7-14　模拟情景和现实情景下各生产部门价格对比

生产部门	现实情景	模拟情景	相对变化(%)
第一产业	1	0.998	−0.2
第二产业	1	1	0
第三产业	1	1	0

四、现实情景和模拟情景对不同收入水平群体消费结构的影响

如表 7-15 至表 7-21 所示,在模拟情景下,不同收入水平的居民的消费结构都发生了不同程度的变动,共同的趋势是第一产业的消费比重都有所上升,第二产业和第三产业的比重略微下降,几乎不显著。可以看出,对中低收入群体进行直接补贴之后,不同群体主要用来提高对第一产业商品的消费比重,特别的是高收入群体在收入水平被带动上涨的

情形下也提高了对第一产业商品的消费比重。

表 7-15 模拟情景和现实情景下最低收入群体的消费结构对比

最低收入群体的 消费结构	现实情景	模拟情景	相对变化（%）
第一产业	0.1327	0.1330	0.23
第二产业	0.4127	0.4126	−0.02
第三产业	0.4546	0.4544	−0.04

表 7-16 模拟情景和现实情景下低收入群体的消费结构对比

低收入群体的 消费结构	现实情景	模拟情景	相对变化（%）
第一产业	0.1169	0.1170	0.09
第二产业	0.4230	0.4231	0.02
第三产业	0.4601	0.4599	−0.04

表 7-17 模拟情景和现实情景下中等偏下收入群体的消费结构对比

中等偏下收入群体的 消费结构	现实情景	模拟情景	相对变化（%）
第一产业	0.1068	0.1069	0.09
第二产业	0.4182	0.4183	0.02
第三产业	0.4750	0.4748	−0.04

表 7-18 模拟情景和现实情景下中等收入群体的消费结构对比

中等收入群体的 消费结构	现实情景	模拟情景	相对变化（%）
第一产业	0.0968	0.0970	0.21
第二产业	0.4157	0.4157	0
第三产业	0.4875	0.4873	−0.04

表 7-19　模拟情景和现实情景下中等偏上收入群体的消费结构对比

中等偏上收入群体的消费结构	现实情景	模拟情景	相对变化（%）
第一产业	0.0883	0.0885	0.23
第二产业	0.4179	0.4179	0
第三产业	0.4938	0.4936	－0.04

表 7-20　模拟情景和现实情景下高收入群体的消费结构对比

高收入群体的消费结构	现实情景	模拟情景	相对变化（%）
第一产业	0.0774	0.0776	0.26
第二产业	0.4308	0.4309	0.02
第三产业	0.4918	0.4916	－0.04

表 7-21　模拟情景和现实情景下最高收入群体的消费结构对比

最高收入群体的消费结构	现实情景	模拟情景	相对变化（%）
第一产业	0.0600	0.0602	0.33
第二产业	0.4289	0.4289	0
第三产业	0.5111	0.5109	－0.04

五、现实情景和模拟情景对不同收入水平群体居民消费价格指数的影响

由于不同部门生产的产品的价格并未发生显著的变动，虽然居民消费结构存在不同程度的变化，但是如表 7-22 所示，现实情景和模拟情景下不同收入水平群体的居民消费价格指数没有发生变化。可见，从治理居民通货膨胀的角度来看，2007 年补贴农业生产与补贴中低收入群体两种方式的效果并不存在明显差异。

表 7-22   模拟情景和现实情景下不同收入水平群体的居民消费价格指数对比

不同收入居民部门	现实情景	模拟情景	相对变化(%)
最低收入群体	1	1	0
低收入群体	1	1	0
中等偏下收入群体	1	1	0
中等收入群体	1	1	0
中等偏上收入群体	1	1	0
高收入群体	1	1	0
最高收入群体	1	1	0

六、现实情景和模拟情景对不同居民群体总收入水平及收入差距的影响

将政府补贴从生产者转移至中低收入群体后，模拟结果如表 7-23 所示，2007 年不同收入水平群体的收入都有不同程度的上涨，并且在模拟情景下不同群体的收入水平标准差系数减小了 1.04%，这说明该项政策在普遍提高居民收入水平的同时也缓解了居民收入分配差距越来越大的现状。

表 7-23   模拟情景和现实情景下不同收入群体的收入水平对比

不同收入居民部门	现实情景（单位:亿元）	模拟情景（单位:亿元）	相对变化(%)
最低收入群体	3300	3480	5.45
低收入群体	3739	3862	3.29
中等偏下收入群体	7963	8086	1.54
中等收入群体	9835	9930	0.97
中等偏上收入群体	10241	10247	0.06
高收入群体	10913	10930	0.16
最高收入群体	31 589	31 659	0.22
收入标准差系数	0.7097	0.7023	−1.04

七、现实情景和模拟情景对不同收入群体福利水平及总福利水平的影响

在对各种缓解通货膨胀压力的政策的实施效果进行对比分析时，同时还应该对居民在该政策的影响下福利水平是否提高进行评价。对福利水平变动的测定可转化为直接使用居民效用函数（U）的变化方向和变化程度即居民福利变化量的检测。

CGE 模型中使用 C-D 效用函数，由居民消费的商品量（q）决定效用水平。如果政策变化前居民消费的商品量为 q_0，而政策变化后居民消费的商品量变为 q_1，那么政策变动引起的居民福利水平的变动为 $U(q_1) - U(q_0)$。

经过 CGE 模型的模拟分析，结果如表 7-24 所示，模拟情景下不同收入群体的福利水平都呈现了不同程度的上涨趋势，与收入水平的上涨程度相类似，低收入群体的福利上涨程度要高于高收入群体，即在提高总福利水平的同时也缩小了不同收入群体福利水平的差异程度。

表 7-24　模拟情景和现实情景下不同收入群体的福利水平对比

不同收入居民部门	现实情景	模拟情景	相对变化（%）
最低收入群体	1202	1271	5.74
低收入群体	1791	1838	2.62
中等偏下收入群体	2389	2436	1.97
中等收入群体	3219	3256	1.15
中等偏上收入群体	4279	4282	0.07
高收入群体	5944	5953	0.15
最高收入群体	10 091	10 112	0.21

不同收入居民部门	现实情景	模拟情景	相对变化（%）
总福利水平	28 915	29 148	0.81

八、现实情景和模拟情景下不同收入群体 EV 和 CV 的变化情况

效用函数虽然可直观表现福利水平的变动程度，但就其在经济学中的实际使用时存在着各种各样的问题，如效用函数的存在性问题，以及与人们现实感受相冲突的具体的效用函数形式问题等。

由于用效用函数测定福利水平存在各种实际问题，很多研究者转向运用货币单位来测定效用变化程度，即经济学中使用的货币度量效用函数（Money Metric Utility Function）。通过以货币单位进行补偿的方式使得居民福利水平达到政策变动之前的初始福利水平，福利经济学中根据这个思路提出两个指标：等价性变化量 EV（Equivalent Variation）和补偿性变化量 CV（Compensate Variation）。

（1）等价性变化量 EV。

等价性变化量（EV）是指在原有价格水平上，为达到新的效用水平，需要有多少支出变动。其简单的数学表达式为

$$EV = e[p_0, U(q_1)] - e[p_0, U(q_0)]$$

$$(7\text{-}11)$$

其中，p_0 表示基数的价格水平，$e(P, U)$ 表示由价格和效用水平所决定的支出函数，q_1 为报告期消费量，q_0 为基期消费量。

本书选用 CGE 模型中效用函数（C-D 函数）的形式，可推算得到支出函数为

$$e[p, U(q)] = U(q) \cdot \prod_i (\frac{p_i}{HOUCONH_i})^{HOUCONH_i}$$

（7-12）

最终得出 EV 的具体表达式为

$$EV = [U(q_1) - U(q_0)] \cdot \prod_i (\frac{p_i^0}{HOUCONH_i})^{HOUCONH_i}$$

（7-13）

其中，p_i^0 表示第 i 种商品基期的价格水平。

（2）补偿性变化量 CV。

补偿性变化量（CV）是指为了恢复原有消费者效用水平，在新的价格体系下，需要补偿给消费者的支出。其简单的数学表达式为

$$CV = e[p_1, U(q_1)] - e[p_1, U(q_0)]$$

（7-14）

其中，p_1 表示报告期价格水平。

根据支出函数的表达式得到 CV 具体的数学表达式为

$$CV = [U(q_1) - U(q_0)] \cdot \prod_i (\frac{p_i^1}{HOUCONH_i})^{HOUCONH_i}$$

（7-15）

其中，p_i^1 表示第 i 种商品报告期的价格水平。

根据上述分析，如表 7-25 所示，模拟情景下并没有出现不同商品明显的价格波动，因此，补偿性变化量和等价性变化量的结果一致。从等价性变化量（EV）指标和补偿性变化量（CV）指标衡量，模拟情景下最低收入群体的收入增加 186 亿元，低收入群体的收入增加 124 亿元，中等偏下

收入群体的收入增加 123 亿元，中等收入群体的收入增加 95
亿元，中等偏上收入群体的收入增加 7 亿元，高收入群体的
收入增加 21 亿元，最高收入群体的收入增加 52 亿元。

表 7-25　模拟情景和现实情景下不同收入群体的 *EV* 和 *CV* 值对比

（单位：亿元）

不同收入群体	EV	CV
最低收入群体	186	186
低收入群体	124	124
中等偏下收入群体	123	123
中等收入群体	95	95
中等偏上收入群体	7	7
高收入群体	21	21
最高收入群体	52	52

从上述模拟分析结果可以看出，如果政府从直接补贴农
业生产者转向直接补贴中低收入群体，以增加其收入水平：
从治理通货膨胀的角度来讲，不同收入群体承担的居民消费
价格指数并没有出现下降的趋势；从缓解通货膨胀压力的角
度来看，不同收入群体的收入水平和福利水平都出现了不同
程度的上涨；从缩小群体收入差异程度的角度来看，在居民
总收入和总福利水平上升的同时，缩小了不同收入群体之间
的收入和福利差异程度；从整个宏观经济的角度来看，这种
模拟结果说明，政策变动将在一定程度上提高 GDP、总投资
额、总消费额、总出口额和总进口额。

因此，从本书的模拟结果可以看出，补贴农业生产者的
政策效果会弱于补贴中低收入群体的政策效果。

第八章　结论及展望

第一节　主要研究结论

　　本书首先对近些年[1]我国居民消费商品价格变动情况及居民消费结构情况进行实际描述，从历史数据可看出，我国不同收入群体所承担的通货膨胀存在异质性，低收入水平群体所承受的通货膨胀率要高于高收入水平群体。其次，对异质性现象的形成原因进行深入分析，确定影响通货膨胀较为关键的商品及较为敏感的群体。再次，指出居民通货膨胀异质性对主要的经济现象产生的影响后果。最后，针对通货膨胀异质性现象提出治理通货膨胀的对应政策，并运用CGE模型对政策实施效果进行模拟和对比。

　　经过前文的各种分析论证，本书得出以下主要结论：

　　第一，我国不同收入群体所承受的通货膨胀率之间存在异质性现象。

　　一方面，近些年虽然我国居民消费价格总指数呈现基本平稳的发展趋势，但构成居民消费的八大类型商品中食品和居住两个大类呈现了结构性上涨特征；另一方面，由于经济

―――――――――

　　①　由于数据问题，本书的近些年指 2007—2012 年间。

因素和生活习惯的影响，不同收入群体会呈现不同的消费结构。 低收入群体的食品消费支出所占的比重远远大于高收入群体，而像代表较高生活水平的交通通信、教育文化娱乐服务、家庭设备用品及服务的消费支出比重，高收入群体远远高于低收入群体。 因此，近些年我国低收入群体所承担的通货膨胀率要高于高收入群体。

第二，居民消费商品价格非平衡变动主要来源于产业间劳动生产率的差异。

本书通过 VAR 计量经济模型，运用脉冲响应函数和方差分解等方法分析产业结构对价格非平衡变动的影响。 分析得出，产业结构效益对分类商品价格非平衡变动的贡献程度较高，从长期来看均起到了正向影响；而对产业结构量值差异的影响较小。 可见，不同行业间存在着较大的效率差异，但同时各行业的劳动者都期望达到一致的收入水平，两者的矛盾就呈现出了不同产业部门商品价格的差异，形成分类商品价格上涨程度不一致的现象。

第三，不同收入群体的通货膨胀水平对商品价格变动的敏感程度不同。

通过建立 2007 年细分居民部门的八大类消费品投入产出表，利用投入产出价格影响局部闭模型，对居民消费的八大类型商品价格上涨进行情景模拟，同时分析对其他商品价格变动的影响及对不同收入群体居民消费价格指数的影响。得出，居民生活必需品的涨价引发其他商品涨价的程度较强，而代表着更好生活层次的商品的涨价对其他商品的影响作用较小。 居民生活必需品的价格上涨主要影响的是收入相对较低的群体。 同时发现，在食品价格上涨幅度从 1‰～

30％的情况下，对不同收入群体居民消费价格指数的影响差异逐步扩大且速度较快。

从分析结果中可以得出，治理通货膨胀时应抓住敏感性商品进行价格差别化调整，采取针对性精确、差别化明确的结构性流动紧缩与结构性供给扩张的思路，即缓解居民通货膨胀压力应找准对象，采取有效的保障政策。

第四，居民通货膨胀异质性会进一步扩大居民实际生活水平的差异程度。

本书从居民收入分配、通货膨胀预期、通货膨胀福利成本3个角度分析居民通货膨胀异质性对其产生的定量和定性影响，说明通货膨胀异质性的存在让居民实际生活水平产生较大的差异，导致社会总体不公平。从治理通货膨胀的角度而言，政策选择应同时兼顾社会公平问题，为未来政府治理通货膨胀进行政策选择提供基本思路。

第五，缓解居民通货膨胀压力的政策中面向中低收入群体的直补政策优于对商品生产者的直补政策。

缓解通货膨胀压力的政策可分表层和深层两种层面的政策，表层的治理政策致力于降低价格水平，深层的治理政策目标在于提高居民实际生活水平。根据居民通货膨胀异质性的现实现象，本书针对中低收入群体进行收入直补和对涨价商品生产者进行直补两种缓解和抑制通货膨胀压力的政策，运用CGE模型对其影响效果进行模拟运算，以不同收入群体通货膨胀压力、居民社会福利、收入差距等指标为目标函数，最终得出对中低收入群体进行直补的政策优于对商品生产者进行直补的政策。

第二节　政策建议

本书通过对居民通货膨胀异质性形成的分析，以及对异质性直接导致的经济影响后果的研究，针对缓解通货膨胀压力提出以下主要政策建议。

一、采取针对性精确的结构性供给扩张政策

从本书模拟结果可以看出，居民生活必需品的涨价引发其他商品涨价的程度较强，尤其是食品，而代表着更高生活水平的商品的涨价对其他商品的影响作用较小。尽管我国的通货膨胀水平已经进入全面上涨的阶段，但是从治理角度来讲仍可采取结构性政策。政府可按照对影响较为敏感的商品采取针对性精确的结构性供给扩张思路，在一定计划及市场调控下释放储备、促进生产、放松管制、给予特殊补贴，最终提高这类商品的有效总供给，缓解由于这类商品价格上涨而引发的全面膨胀情况。

二、采取差别化明确的结构性流动性紧缩政策

面对通货膨胀，部分政府部门往往急功近利，希望在最短的时间内将其控制，因此会选择效果立竿见影的紧缩性货币政策，如我国近些年出现的连续上调存款准备金率等政策，但是忽松忽紧的货币政策往往是经济波动的主要诱发原因。考虑到不同商品对总通货膨胀程度作用的异质性，政府调控时应集中于影响较大的商品生产行业进行差别化明确的结构性流动性紧缩政策，对这类行业进行特殊化的信贷投

放、流动性约束、利率水平调整等方面的应对措施，从而避免全面紧缩导致的一系列连锁反应。 类似的观点如吴军等（2011）从经济的需求层面出发，提出短期内有需求面、单纯依靠控制货币供应量，很难实现治理通货膨胀的目标，而调整货币供给结构则是抑制物价过快上涨的有效手段。

三、对不同收入群体采取结构性补偿政策

从本书模拟的结果可以看出，收入相对较低的群体所承受的通货膨胀压力主要来自满足基本生活如食品、衣着、居住等商品的价格上涨，而收入相对较高的群体所承受的通货膨胀压力主要来自代表着较高生活水平的如家庭设备用品及服务、交通通信、教育文化娱乐服务、医疗保健、其他商品及服务等商品的价格上涨。 由于两大类商品价格上涨幅度不同，不同收入群体承受的通货膨胀压力存在异质性。 由于各种调控政策的出台及实施都将存在一定的滞后性，因而各收入群体在短期内必须适应与通货膨胀共存。 对低收入群体实施的最低生活保障制度应与他们自身承受的通货膨胀挂钩；对于中等收入群体而言，他们往往是储蓄的主要来源者，应保证居民存款不被通货膨胀稀释；高收入群体受到的通货膨胀压力较小，而且这部分群体往往能够从投资中获取更多的利益。 为了控制通货膨胀引起"劫贫济富"的收入分配效应，政府应征取相应的税收。

四、各种政策实施应综合考虑社会整体公平

从居民通货膨胀异质性对社会经济产生的影响来看，主要是不利于社会整体公平。 在我国收入分配差距已经较大

的情况下，治理通货膨胀的政策要全面考虑，既能治理通货膨胀，又可真正改善不同类型居民的实际生活水平，还必须兼顾对不同类型居民之间的公平。

总之，通过对基于不同消费品和不同收入群体两方面异质性的分析研究可知，基于异质性的结构性政策，不仅可以产生比全面治理政策更好的效果，而且在治理通货膨胀的过程中可以减少治理成本，同时把社会的负面效应降低到最小。

第三节　研究不足及展望

一、研究不足之处

(一)书中所用的数据时间较为滞后

由于本书所用研究方法以多部门多指标的宏观模型为主，研究的数据基础为投入产出表，到目前为止[①]官方公布的最新投入产出表为 2007 年的经济情况，在其他相关数据的配合研究中均采用了 2007 年的数据。与当前经济现象稍显脱节，在以后的研究中需要对数据进行进一步的更新，同时对现实问题进行与时俱进的分析。

(二)用来模拟的宏观政策较为笼统

本书用来模拟的宏观政策分别为针对价格上涨商品生产

---

① 指以作者撰写本书日期为止。

者和中低收入群体进行直接补贴，但现实中治理通货膨胀时该类政策的实施存在更复杂的环节，如怎么补、补多少等，在今后的研究中笔者会对这些相关环节进行具体化的描述。

二、进一步研究方向

(一)测度不同收入群体通货膨胀压力系数

在居民消费价格指数公信力日趋下降的情况下，提出更为精确的针对不同收入群体通货膨胀压力系数的计算方法是今后研究的重要内容，准确地反映不同居民的通货膨胀压力系数可缩小居民消费价格指数与居民对价格的感受偏差。同时，随着通货膨胀异质性的扩大，笔者将为政府在实施社会保障、收入分配改革等方面提供更多的实际参考依据。

(二)细化缓解通货膨胀压力政策并对其进行模拟分析

由于通货膨胀对经济正常发展有着相当不利的影响，就目前而言，在结构型通货膨胀处于主导的情况下，缓解居民通货膨胀压力的政策与方法多种多样，在今后的研究中，笔者会详细梳理这些政策，并进行模拟分析，以及对比选择，为缓解我国通货膨胀压力提供更有效的宏观经济政策，以达到兼顾通货膨胀水平的同时实现居民社会分配公平、实际收入差距缩小等目的。

(三)深入应用 CGE 模型

笔者花费较大的精力编制了针对不同收入居民部门的 SAM，同时针对 CGE 模型进行函数设定和参数估计，因此可据此进行更多涉及居民的经济政策模拟研究工作，实现对各种宏观政策、对不同居民部门的影响分析，从而对政策的实施效果进行针对性的评价和选择。 同时，本书所使用的是静态 CGE 模型，只能反映当年的经济运行状况，在今后的分析中可进一步改进为动态 CGE 模型，进而可反映一段长时间连续的经济变动趋势。

参考文献

1. 专著

[1] 陈彦斌，2010.中国通货膨胀的预期、形成机制和治理政策［M］.北京：科学出版社.

[2] 海关总署综合统计司，2009.中国对外贸易指数1993—2004（上下）［M］.北京：中国海关出版社.

[3] 高铁梅，2009.计量经济分析方法与建模：Eviews应用及实例（第二版）［M］.北京：清华大学出版社.

[4] 郝希曼，1981.经济发展战略［M］.曹征海，潘兆东，译.北京：经济科学出版社.

[5] 洪兴建，2008.基尼系数理论研究［M］.北京:经济科学出版社.

[6] 李善同，2010.中国可计算一般均衡模型及其应用［M］.北京：经济科学出版社.

[7] 霍尔斯·曼斯博格，2009.政策建模技术：CGE模型的理论与实现［M］.李善同，段志刚，胡枫，主译.北京：清华大学出版社.

[8] 李善同，2010.中国可计算一般均衡模型及其应用［M］.北京:经济科学出版社.

[9] 刘起运，陈璋，苏汝劼，2011.投入产出分析（第二版）［M］.北京：中国人民大学出版社.

［10］ 马克思，1972.马克思恩格斯选集（第4卷）［M］.北京：人民出版社.

［11］ 约翰·伊特维尔，默里·米尔盖特，彼得·纽曼，1996.新帕尔格雷夫经济学大辞典（第2卷）［M］.北京：经济科学出版社.

［12］ 张欣，2010.可计算一般均衡模型的基本原理与编程［M］.上海：上海人民出版社.

［13］ 沃西里·列昂惕夫，1980.投入产出经济学［M］.北京：商务印书馆.

［14］ 唐·帕尔伯格，1998. 通货膨胀的历史与分析［M］.孙忠，译.北京：中国发展出版社.

［15］ MURRAY M，1987. The new palgrave：a dictionary of economics four volumes ［M］. London：Macmillan.

［16］ MYRDAL G，1957. Economic theory and under-developed regions ［M］. London：Duckworth.

2. 期刊

［1］ 埃德温·沙雷，1994. 当代中国的通货膨胀：影响及控制［J］. 统计研究（4）:68-80.

［2］ 陈彦斌，陈伟泽，陈军，等，2013.中国通货膨胀对财产不平等的影响［J］.经济研究（8）:4-15.

［3］ 陈彦斌，2008.中国当前通货膨胀形成原因经验研究：2003—2007年［J］.经济理论与经济管理（2）:16-23.

［4］ 陈彦斌，马莉莉，2007.中国通货膨胀的福利成本研究

［J］.经济研究 （4）:30-42,159.

［5］ 陈彦斌，唐诗磊，姚一旻，2009.我国价格总水平影响因素与宏观调控策略研究 ［J］.经济研究参考 （65）:3-23.

［6］ 陈烨，张欣，2010.增值税转型对就业负面影响的 CGE 模拟分析 ［J］.经济研究，45（9）:29-42.

［7］ 程凌，2007.统一内外资企业所得税率对税收及社会福利的影响——基于 CGE 的分析 ［J］.数量经济技术经济研究 （10）:67-80.

［8］ 邓晓益，李四维，2006.居民收入差距与通货膨胀关系（1978—2002）［J］.经济师 （10）:93-94.

［9］ 邓创，陆璐，2009.我国通货膨胀对收入分配差距影响动态的实证研究 ［J］.中国集体经济 （1）:110-112.

［10］ 董秀良，帅雯君，2013.中国财政政策通货膨胀效应的实证研究 ［J］.统计研究，30（3）:43-50.

［11］ 樊纲，1995.通货膨胀与收入差距 ［J］.经济经纬 （2）:11-12.

［12］ 范金，杨中卫，赵彤，2010.中国宏观社会核算矩阵的编制 ［J］.世界经济文汇 （4）:103-119.

［13］ 樊明太，郑雨歆，马纲，1999.中国 CGE 模型:基本结构及有关应用问题（下）［J］.数量经济技术经济研究 （4）:24-30.

［14］ 方勇，吴剑飞，2009.中国的通货膨胀:外部冲击抑或货币超发——基于贝叶斯向量自回归样本外预测模型的实证 ［J］.国际金融研究 （4）:72-78.

[15] 郭利京,胡浩,杨丽,2011.中国食用油涨价对经济影响的投入产出分析 [J].技术经济与管理研究 (1):78-81.

[16] 高颖,李善同,2006.基于 CGE 模型对中国基础设施建设的减贫效应分析 [J].数量经济技术经济研究 (6):14-24.

[17] 郭明伟,夏少刚,2010.收入分配不平等与宏观经济关联性研究综述 [J].经济学动态 (11):85-87.

[18] 顾荣宝,王庆楠,2011.国际石油价格与我国物价水平关系的实证研究 [J].南京财经大学学报 (3):51-56.

[19] 黄正新,2008.西方结构型通货膨胀理论及其对我国的启示 [J].特区经济 (6):30-31.

[20] 黄志刚,2010.价格非平衡变化的机理:一个新凯恩斯主义的解释 [J].南方经济 (4):52-64.

[21] 韩一杰,刘秀丽,2011.中国猪肉价格波动对其他部门产品价格及 CPI 的影响测算 [J].中国农村经济 (5):12-20.

[22] 贺菊煌,沈可挺,徐嵩龄,2002.碳税与二氧化碳减排的 CGE 模型 [J].数量经济技术经济研究 (10):39-47.

[23] 李刚,董敏杰,沈可挺,2012.强化环境管制政策对中国经济的影响:基于 CGE 模型的评估 [J].中国工业经济 (11):5-17.

[24] 李伟,2009.浙江省出口环境成本的实证分析 [J].经济论坛 (20):79-81.

［25］ 李猛，2011.后危机时期政策或冲击对中国宏观经济影响的数量分析：基于环境与金融层面相统合的多部门 CGE 模型［J］.数量经济技术经济研究，28（12）:3-20.

［26］ 李文溥，龚敏，2011.城乡不同收入群体通货膨胀差距对收入、消费的影响：基于中国季度宏观经济模型（CQMM）的实证分析［J］.中国流通经济，25（10）:50-56.

［27］ 李景华，2012.基于投入产出局部闭模型的中国房地产业经济增长结构分解分析［J］.系统工程理论与实践，32（4）:784-789.

［28］ 李昕，2012.中美贸易摩擦：基于 GTAP 可计算一般均衡模型分析［J］.国际贸易问题（11）:50-65.

［29］ 李仁君，2010.中国三次产业的资本存量测算［J］.海南大学学报（人文社会科学版），28（2）:47-52.

［30］ 刘斌，2011.基于 CGE 框架下的央行宏观经济模型研究［J］.金融研究（6）:1-17.

［31］ 刘起运，任泽平，2006.价格影响模型的技术评估与实证研究［J］.中国物价（12）:35-39.

［32］ 刘金全，姜梅华，2011.中国通货膨胀率预期与实际通货膨胀率之间的影响关系研究［J］.现代管理科学（4）:22-24，33.

［33］ 良序莹，侯敬雯，2012.高速铁路、公路建设的财政投资效益研究：基于可计算一般均衡（CGE）模型的分析［J］.财贸经济（6）:43-49.

［34］ 胡乃武，陈彦斌，姚一旻，2011.回收流动性和发展

实体经济：治理当前通货膨胀的对策选择 [J].中国
人民大学学报，25（5）:27-33.

[35] 陆文聪，李元龙，2011.中国出口增长的就业效应：
基于 CGE 模型的分析 [J].国际贸易问题 （9）:
14-24.

[36] 欧阳华生，刘明，余宇新，2010.我国税制税收超额
负担定量研究：基于 CGE 模型框架的分析 [J].财
贸经济 （1）:63-67.

[37] 任泽平，潘文卿，刘起运，2007.原油价格波动对中
国物价的影响——基于投入产出价格模型 [J].统计
研究 （11）:22-28.

[38] 饶呈祥，范平，2008.交通非税收入对我国经济影响
的 CGE 分析 [J].软科学 （6）:32-37，51.

[39] 孙林，2012.基于混合 CGE 模型的乘用车节能减排
政策分析 [J].中国人口资源与环境，22（7）:
40-48.

[40] 石敏俊，王妍，朱杏珍，2009.能源价格波动与粮食
价格波动对城乡经济关系的影响——基于城乡投入产
出模型 [J].中国农村经济 （5）:4-13.

[41] 孙利荣，2011.一类扩展的投入产出模型 [J].统计
研究，28（6）:86-91.

[42] 沈可挺，李钢，2010.碳关税对中国工业品出口的影
响：基于可计算一般均衡模型的评估 [J].财贸经济
杂志 （1）:75-82，136-137.

[43] 沈中元，2004.原油价格对中国物价的影响 [J].国
际石油经济 （11）:45-49，71.

［44］孙翊，王铮，2010．"后危机"时代中国财政政策的选择：部门投资政策影响建模与分析［J］．财经研究，36（3）：4-13．

［45］汤铃，王帅，余安乐，2011．基于 CGE 的人民币升值影响测算模型研究［J］．系统科学与数学，31（2）：216-226．

［46］王金霞，田志伟，2013．基于 CGE 模型的服务业生产要素税收优惠效应分析［J］．当代经济研究（3）：72-76．

［47］魏巍贤，2009．基于 CGE 模型的中国能源环境政策分析［J］．统计研究，26（7）：3-13．

［48］吴静，王铮，吴兵，2005．石油价格上涨对中国经济的冲击——可计算一般均衡模型分析［J］．中国农业大学学报（社会科学版）（2）：69-75．

［49］吴军，田娟，2008．结构性通货膨胀解析：基于当前中国通货膨胀问题的思考［J］．金融研究（9）：91-100．

［50］吴军，董志伟，涂竞，2011．有效需求不足背景下的潜在通货膨胀压力——基于货币结构分析视角［J］．金融研究（7）：32-42．

［51］肖争艳，唐寿宁，石冬，2005．中国通货膨胀预期异质性研究［J］．金融研究（9）：51-62．

［52］许业友，2009．我国通货膨胀的收入分配效应分析［J］．价值工程，28（8）：15-18．

［53］姚远，2007．中国货币供应、通货膨胀及经济增长关系实证研究［J］．经济与管理（2）：45-49．

［54］杨军，黄季焜，尚强，等，2011.我国食品和非食品价格与居民消费价格指数（CPI）关系分析［J］.农村金融研究（8）:5-7.

［55］曾坤生，1994.佩鲁增长极理论及其发展研究［J］.广西社会科学（2）:16-21,15.

［56］查冬兰，周德群，2010.基于CGE模型的中国能源效率回弹效应研究［J］.数量经济技术经济研究，27（12）:39-53,66.

［57］张仲梁，叶植材，潘建成，等，2004.当前需要防范通货膨胀吗？——关于宏观调控背景的计量分析［J］.中国统计（11）:25-26.

［58］张中华，许璞，2011.我国政府投资效应的CGE模型分析——基于"刘易斯"宏观闭合框架下的模拟［J］.投资研究，30（12）:38-47.

［59］张玉梅，王子柱，2007.收入分配不公——通货膨胀背后的深层原因［J］.商场现代化（33）:370.

［60］张克中，冯俊诚，2010.通货膨胀、不平等与亲贫式增长——来自中国的实证研究［J］.管理世界（5）:27-33,74.

［61］张蓓，2009.我国居民通货膨胀预期的性质及对通货膨胀的影响［J］.金融研究（9）:40-54.

［62］赵剑治，陆铭，2010.关系对农村收入差距的贡献及其地区差异——一项基于回归的分解分析［J］.经济学（季刊），9（1）:363-390.

［63］祝建梅，聂锐，杨彤，等，2010.中国煤炭市场价格与CPI、PPI关系的统计检验［J］.统计与决策

（15）:107-109.

[64] 中国经济增长与宏观稳定课题组，2008.外部冲击与中国的通货膨胀［J］.经济研究（5）:4-18，115.

[65] "中国 2007 年投入产出表分析应用"课题组，2010.原油价格波动对我国物价的影响［J］.统计研究，27（12）:23-29.

[66] SHAHID A，2011. Economic and welfare impacts of prospective India Australia FTA using GTAP and SMART models ［J］. International journal of business and emerging markets, 3（4）:396-417.

[67] AKIYAMA, CHU-ICHI, 2000. Comparing a variety of commercial policy instruments by GTAP model: the case of Japan-U. S. automobile trade friction ［J］. Osaka economic papers, 50（1）:155-168.

[68] AMIR H, ASAFU-ADJAYE J, DUCPHAM T, 2013. The impact of the Indonesian income tax reform: a CGE analysis ［J］. Economic modelling （31）:492-501.

[69] HOBIJN B, LAGAKOS D, 2005. Inflation inequality in the United States ［J］. Review of income and wealth, 51（4）:581-606.

[70] BULIR, ALES, 2001. Income inequality: does inflation matter? ［J］. Imf staff papers , 48（1）: 139-159.

[71] LIU C K, KUO N F, HSEU J S, 2005. Effects of

tariff liberalization on the global forest sector: application of the GTAP model [J]. International forestry review, 7 (3) :218-226.

[72] YE C Y, LEE J M, CHEN S H, 2006. Economic gains and health benefits from a new cigarette tax scheme in Taiwan: a simulation using the CGE model [J]. BMC public health (6) :62.

[73] CYSNE R P, 2006. An intra-household approach to the welfare costs of inflation [J]. Estudios de economía, 36 (3) :593-609.

[74] DING Z, ZHOU M, LIU Y, 2011. Effects of coal prices on merchandise prices in China [J]. Mining science and technology, 21 (5) :651-654.

[75] EASTERLY W, FISCHER S, 2001. Inflation and the poor [J]. Journal of money credit & banking, 33 (2) :160-178.

[76] EROSA A, VENTURA G, 2002. On inflation as a regressive consumption tax [J]. Journal of monetary economics, 49 (4) :761-795.

[77] SANCHO F, 2010. Double dividend effectiveness of energy tax policies and the elasticity of substitution [J]. Energy policy, 38 (6) :2927-2933.

[78] HUBBARD L J, 1995. General equilibrium analysis of the CAP using the GTAP model [J]. Oxford development Studies, 23 (2) : 163-176.

[79] JAKUB B, JAKUB B, 2012. The long-term

economic impact of the flat tax in Poland. CGE simulation under alternative assumptions [J] . Bank i kredyt, 43 (3) :5-30.

[80] MUKHOPADHYAY K, CHAKRABORTY T D, 2012. Economic impact of freer trade in Latin America and the Caribbean: a GTAP analysis [J] . Latin American journal of economics, 49 (2) : 147-183.

[81] MARDONES C, 2011. Evaluating tax reforms in chile with a CGE model [J] . Estudios de econom í a, 37 (2) :243-284.

[82] MATTHIAS D, MARTIN S, 2006. Inflation and the redistribution of nominal wealth [J] . Journal of political economy, 114 (6) :1069-1097.

[83] SIRIWARDANA M, YANG J, 2008. GTAP model analysis of the economic effects of an Australia-China FTA: welfare and sectoral aspects [J] . Global economic review, 37 (3) :341-362.

[84] Meh C é saire A, R í os-Rull Jos é -V í ctor, TERAJIMA YAZ, 2010. Aggregate and welfare effects of redistribution of wealth under inflation and price-level targeting [J] . Journal of monetary economics, 57 (6) :637-652.

[85] SHANTAYANAN D, DELFIN S, SHERMAN R, KAREN T, 2011. Tax policy to reduce carbon emissions in a distorted economy: illustrations from a

South Africa CGE Model［J］. The B. E. journal of economic analysis and policy, 11（1）.

［86］ WITTWER G, ANDERSON K, 2002. Impact of the GST and wine tax reform on Australias wine industry：a CGE analysis［J］. Australian economic papers, 41（1）:69-81.

3. 学位论文

［1］ 饶呈祥, 2009. 基于可计算一般均衡模型的我国成品油税费改革经济效应研究［D］. 成都：西南交通大学.

［2］ 田娟, 2009. 价格结构性上涨与通货膨胀研究［D］. 北京：对外经济贸易大学.

［3］ 肖大伟, 2010. 中国农业直接补贴政策研究［D］. 哈尔滨：东北农业大学.

［4］ 徐卓顺, 2009. 可计算一般均衡（CGE）模型：建模原理、参数估计方法与应用研究［D］. 长春：吉林大学.

附录　CGE 模型方程体系

方程类型	方程	方程意义	变量意义
价格方程	$PM_i = PW_t \cdot (1 + tm_i) \cdot ER$	进口商品价格方程	PM 为进口商品的国内价格，PW 为固定的进口商品世界价格，tm 为进口关税率，ER 为市场汇率
	$PN_i = PD_i(1 - TD_i) - \sum_{j=1}^{n} a_{ij} \cdot P_i$	部门净价格的描述方程	PN 表示部门净价格；TD_i 表示间接税率，P_i 表示复合商品价格，PD_i 表示国内销售价格
	$P_i = \dfrac{D_i}{Q_i} \cdot PD_i + \dfrac{M_i}{Q_i} \cdot PM_i$	复合商品价格方程	Q_i 为第 i 种复合商品的国内需求量，D_i 为国内需求数量，M_i 为进口需求数量
	$PP = \dfrac{NGDP}{RGDP}$	价格标准化方程	PP 表示 GDP 价格指数，$NGDP$ 表示名义 GDP，$RGDP$ 表示实际 GDP
供给方程	$X_i^{(S)} = A_i L_i{}^{\alpha_i} K_i{}^{1-\alpha_i}$	各部门总产出的生产函数	α_i 为各部门劳动力替代弹性，A 为规模参数
	$L_i = \dfrac{X_i^{(S)} \cdot PN_i \cdot \alpha_i}{w\lambda_i}$	各部门劳动力数量决定方程	w 为第一部门工资率，λ_i 为第 i 部门的工资率与第一部门工资率之比
	$INTD_i = \sum_{j=1}^{n} a_{ij} X_j$	部门的中间投入数量	$INTD_i$ 为第 i 部门的中间投入数量
	$Q_i = \varepsilon_i \left[\delta_i M_i^{-\rho_i} + (1 - \delta_i) D_i^{-\rho_i} \right]^{-\frac{1}{\rho_i}}$	阿明顿假设	ε_i 为规模参数，δ_i 为 CES 贸易函数的份额参数，ρ_i 为贸易替代弹性参数

续　表

方程类型	方程	方程意义	变量意义
	$M_i = D_i (\frac{\delta_i}{1-\delta_i} \cdot \frac{PD_i}{PM_i})^{\frac{1}{1+\rho_i}}$	需求者对进口产品和国内产品的优化组合	
	$\log E_i = \log(ECONST_i) + ECOEP_i \log(\frac{er \cdot PSTAR_i}{PD_i})$	各部门出口需求决定方程	E_i 表示出口需求，$ECONST$ 为各部门出口需求的常数项，$ECOEP$ 为出口价格弹性，$PSTAR$ 为国外价格
收入方程	$NGDP = \sum_{i=1}^{n} PN_i \cdot X_i + TTD + TARIFF$	名义 GDP 方程	TTD 表示间接税收入，$TARIFF$ 表示进口税收入
	$RGDP = \sum_{i=1}^{n} [C_i + G_i + INV_i + INVENT_{c_i} \cdot (PN_i \cdot X_i + TD_i \cdot X_i) + \frac{PD_i}{P_i}E_i - \frac{PW_i \cdot ER}{P_i}M_i]$	实际 GDP 方程	C_i 表示居民消费，G_i 表示政府消费，INV_i 表示固定资本形成；$INVENT_{c_i}$ 为存货率
	$TTD = \sum_{i=1}^{n} (PD_i \cdot TD_i \cdot TX_i)$	政府间接税收入描述方程	TX 为政府间接税收入
	$TARRIF = \sum_{i=1}^{n} (TM_i \cdot PW_i \cdot M_i \cdot ER)$	政府进口税描述方程	TM_i 为进口率
	$ENTY = TPROF + TRGE$	企业收入描述方程	$ENTY$ 为企业收入，$TPROF$ 为总利润，$TRGE$ 为企业的转移收入
	$TPROF = \sum_{i=1}^{n} PN_i \cdot X_i - (TWAGE - PP \cdot YROWL) - TDEPR + PP \cdot YROWK$	资本要素收入描述方程	$TPROF$ 表示总的资本要素收入；$TDEPR$ 表示总的资本折旧
	$HOUSEY = TWAGE + ENTPROF + PP(TRGH + TRROWH)$	居民收入描述方程	$HOUSEY$ 为居民收入，$TWAGE$ 为劳动报酬，$ENTPROF$ 为居民财产收入，$TRGH$ 为来自政府的转移收入，$TRROWH$ 为来自国外的收入

方程类型	方程	方程意义	变量意义
	$TWAGE=\sum\limits_{i=1}^{n}(w\cdot\lambda_i\cdot L_i)+PP\cdot YROWL$	劳动力要素收入描述方程	$TWAGE$ 表示总的劳动收入；$YROWL$ 表示国外劳动要素收入
需求方程	$C_i^h\cdot P_i=HOUCONc_i^h\cdot(HOUSEY^h-HOUSAV^h-HOUTAX^h)$	居民部门消费方程	$HOUCONc^h$ 为第 h 居民部门的消费率
	$HOUTAX^h=HOUTAXc^h\cdot HOUSEY^h$	居民缴纳税款方程	$HOUTAX^h$ 为居民缴纳的税费，$HOUTAXc^h$ 为居民缴纳税费率
	$HOUSAV^h=HOUSAVc^h\cdot(1-HOUTAXc^h)\cdot HOUSEY^h$	居民储蓄方程	$HOUSAV^h$ 为居民储蓄，$HOUSAVc^h$ 为居民缴纳税费率
	$ENTSAV=ENTSAVc\cdot(1-ENTAXc)\cdot ENTY$	企业储蓄描述方程	$ENTSAV$ 为企业储蓄
	$ENTPROF=ENTY-ENTAX-ENTSAV$	企业消费描述方程	$ENTAX$ 为企业缴纳税费
	$ENTAX=ENTAXc\cdot ENTY$	企业缴纳税款	$ENTAXc$ 为企业缴纳税费率
	$GOVSAV=TTD+TARIFF+ENTAX+HOUTAX+PP\cdot TRROWG-\sum\limits_{i=1}^{N}(P_i\cdot G_i)-PP\cdot TRGH-PP\cdot TGGE$	政府储蓄的描述方程	$GOVSAV$ 为政府储蓄
	$TDEPR=\sum\limits_{i=1}^{n}(PP\cdot K_i\cdot DEPRATc_i)$	总折旧描述方程	$DEPRATc$ 为折旧率
	$INV_i=INVESTc_i\cdot TINV$	投资需求	
	$S=TDEPR+ENTSAV+HOUSAV+GOVSAV$	总储蓄	
宏观闭合方程	$\sum\limits_{i=1}^{n}L_i=\overline{L^s}$	劳动力市场出清条件	$\overline{L^s}$ 为劳动力总供给

续 表

方程类型	方程	方程意义	变量意义
	$S = INVABR + TINV \cdot$ $\sum_{i=1}^{n}(INVESTc_i \cdot P_i) + \sum_{i=1}^{n}P_i \cdot$ $INVENTc_i \cdot (PN_i \cdot X_i + TD \cdot X_i \cdot PD_i)$	总储蓄等于总投资的闭合方程	
	$Q_i = INTD_i + C_i + G_i + INV_i + INVENTc_i \cdot (PN_i \cdot X_i + TD \cdot X \cdot PD_i)$	复合商品的需求描述	
	$\sum_{i=1}^{n}PM_i \cdot M_i \cdot ER = \sum_{i=1}^{n}PD_i \cdot E_i + PP \cdot \overline{NSAV}$	国际收支平衡条件	$\overline{NSAV}$表示外国资本净流入
	$X_i = E_i + D_i$	市场出清方程	
目标方程	最大化 $NGDP$(名义 GDP)		

注:变量及参数中涉及的下标 i 均代表某个生产部门,上标 h 均代表某个居民部门。